カゴと器と古道具

安部智穂

婦人之友社

はじめに

「生きることは暮らすこと。暮らすことは生きること」

私の信念です。

どう生きるのか？　と悩み探し求めた日々が、私にもありました。迷ったり、引き返したり、立ち止まったり。そんな行きつ戻りつの最中に、タイマグラ（8ページ）とめぐり会いました。スーッと一筋、光が差し込んだように感じました。そしてさまざまなご縁に恵まれ、暮らし始めたのが30年前のことです。

最初の数年は山あり谷ありの連続。でも一筋縄ではいかないからこそ、全力で取り組む醍醐味がありました。暮らすって、ただそれだけで本当にすごいことなんだ……。そんな実感と共に、人生をかけてタイマグラ暮らしに取り組みたいという情熱が、ふつふつと湧きあがり、力が漲りました。ずっと探していた「どう生きるのか？」の答えは、「一生懸命暮らすこと！」だったのです。

身近すぎて見失ってしまいがちですが、暮らしって尊い仕事の連続です。たとえば朝食を、おいしく健やかに、そしてちょっと美しくこしらえることは、やりがいのある楽しい仕事だと、私は感じています。

竹カゴを下げて畑へ。新鮮な野菜を収穫し、湧き水でジャブジャブ。夫がつ

くってくれた、ほどよい大きさのまな板の上で、よく切れる包丁で丁寧に切って、印判皿に彩りよく盛り付ける。また、ゆとりのある朝は、カラコロと珈琲豆を計ってゆっくり抽出し、アンティークのカップ&ソーサーに注ぐ。食卓にはガラスびんに挿した野の花を飾ります。そうしてこしらえた朝食は、美しいなぁと心を満たし、おいしいなぁと体を満たします。ねっ、尊い仕事でしょ！

その尊い仕事をなしとげるために欠かせないのが、お気に入りの道具です。使い勝手のよさはもちろん、視界に入るだけでワクワク楽しかったり、キュンとときめいたり。道具は頼もしい右腕であると同時に、暮らしに「愛しさ」という彩りを添えてくれる、かけがえのない存在でもあるのです。

本書ではそんな道具たちを、まるで自慢の友人を紹介するように綴りました。あぁ、このかわいらしさが伝わるかしら？　ちょっとドキドキしています。でも100%伝わらなくてもいい、とも思っています。だって、私にとって特別な道具が、あなたにとって特別とは限らないのですから。

でも願っています。お気に入りの道具を使うことって、とびっきり楽しいことなんだ！　そんな喜びが伝わりますように。そして皆さんが、それぞれのお気に入りを見つけてくださったらうれしいなぁ。そう心から願っています。

安部智穂

もくじ

1章 古道具を暮らしの中に

2章 器は古いものも新しいものも好き

新しい器　64

3章 人の手が生み出すカゴと木の道具

4章 自分で手を動かす愉しみ

Column

＊タイマグラとは——

岩手県のほぼ真ん中、早池峰山の麓にある小さな集落。地名の由来はアイヌ語で「森の奥へと続く道」と言われる。戦後に開拓され10軒あまりの農家が入植。1988年、国内で最後に電気がひかれた。現在は安部さん夫婦を含め3世帯6人が暮らす。

1

古道具を暮らしの中に

骨董市は眺めるだけでも楽しい

愛用しているたくさんの古道具たち。さまざまなご縁でわが家へやってきました。すべての道具に出会いの物語があり、その一つひとつを心に刻んでいます。忘れえぬ人との出会いがそうであるように、大切な道具との出会いもまた、繰り返し思い返すことで、より愛情も深まっていくように思います。

骨董市は心はずむ出会いの場です。近隣で開かれる骨董市のスケジュールは頭にしっかり入っていますし(笑)、旅に出るときは「骨董市やってないかな?」とリサーチすることも欠かしません。

出店数や、並ぶ品々の傾向など、それぞれの骨董市に個性があります。出店数が多く、並ぶ品々も多岐にわたる規模の大きな骨董市もあれば、西洋アンティークにしぼった蚤の市もあります。

私のおすすめは、地方の骨董市。こぢんまりとしていてお散歩気分で回れますし、お値段も比較的安価です。まずはアチコチの骨董市に実際に足を運んでみてください。次第に、好みの骨董市がしぼられてくるはずです。

「絶対にお宝を見つけるぞ!」と勇んで出かけると、肩すかしを食らったり、衝動買いなどの失敗をやらかしてしまいがち。経験から言うと、あまり張り切らないこと。眺めるだけでも楽しいし、何かお宝が見つかったら「運がよかったなぁ」と思う。それぐらいでブラブラ歩くのがちょうどいいように感じます。と書くと、いつも骨董市で会う友人たちから笑われるかな？　骨董市を歩いている私は、買う気満々に見えているに違いないもの……。つい熱くなってしまうからこそ、冷静に冷静に、と言い聞かせながら見るように心がけています。

　お気に入りと運よく出会えたら、店主にその古道具の来歴を尋ねることも忘れません。その道具が紡いできた物語も含めて、受け継ぐ気持ちで持ち帰ります。

　骨董市は朝が勝負！　頑張って早起きをして出発しましょう。骨董商の皆さんが品物を並べ始めるころには到着し、早速見て回ります。

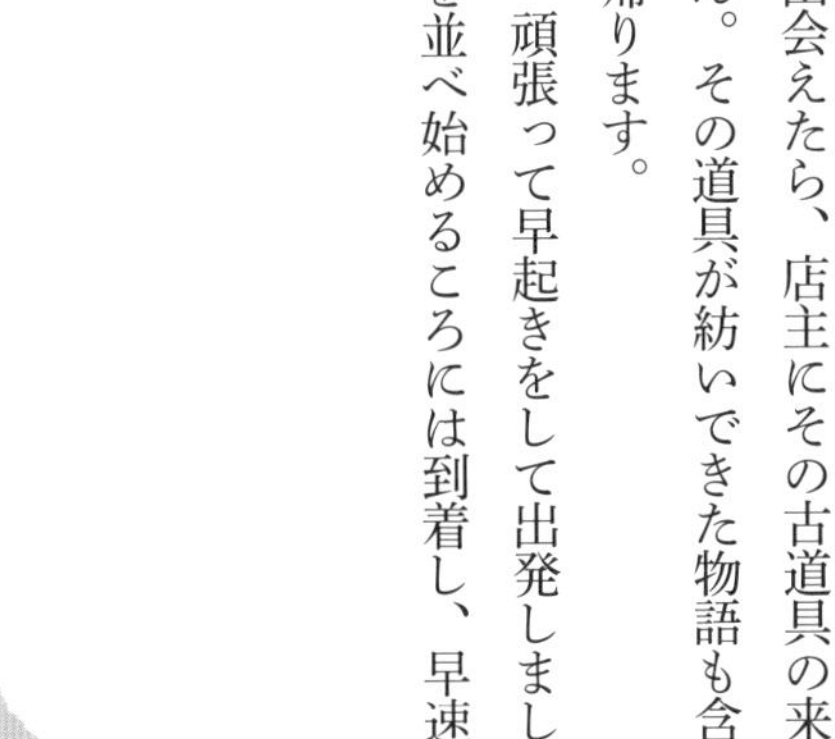

ガラスびん

セピア色の思い出と駄菓子びん

子どものころ、駄菓子屋での買い物はスペシャルなことでした。なぜなら、行くことを母にとめられていたからです。子どもながらに、なめたら舌が真っ赤になる飴が体によいはずはないと理解していたので、納得もしていました。どうしても行きたいときは、神妙な顔で母に言いました。

「つつみに行ってもいい?」。それはごく稀なことだったから、母は「いいよ」と言ってチャリチャリチャリンと小銭をくれました。うれしかったなぁ。つつみというその店は、陳列棚にところ狭しと駄菓子が並び、壁にはカードやリリアンのキットなんかがかけられていました。

ここで、クラスの違う子や他校の子と友だちになったり、シガレットチョコをくわえながら世間話の真似ごとをしてみたり。思い出すだけで笑いがこみあげてきちゃいます。なんてかわいくて滑稽なんだろう、あのころの私たちって。

私が駄菓子びんに惹かれるのは、そんなセピア色の思い出のせい? ついつい手に入れたくなるアイテムです。

地球儀のように大きくて丸いびんは、「地球びん」、細長いびんは「タバコびん」などユニークな名前がついている。わが家では地球びんに玄米を入れている。

飴玉やラムネが入れられていたであろう６連の駄菓子びんには、はぎれやチロリアンテープなど細々とした手芸用品を収納。中が透けて見えるのでとても便利。

さまざまなガラスびんを愛用中。果実酒の保存も、美しいびんに入れればインテリアとしてさまになる。

美しさにこだわりたい

果実酒や梅干しの保存にも、古道具のガラスびんを愛用中。熟成していく様子を愛でたいので、基本的にはしまいこまず、インテリアのように部屋に置いています。ならば、やっぱり容器の美しさにもこだわりたい！

かつて酒や醤油は量り売りが一般的でした。そんなときに活躍したと思われる、ねじ込み式の一升びん。昔のガラスびんはとても美しいと思います。

また、薬などを入れるのに用いられていたであろう小さなびんは、意外に重宝。密閉できるふたがついているので、コーヒーやお茶を入れて冷蔵庫に入れています。

モルレンさん

骨董市で出会った、不思議な形のガラス道具。店主に尋ねると、洗眼のための医療器具なのだとか。本来の使い方はさておき、「冷酒を入れたら涼しげだね」と夫と意見が一致して購入。

調べてみたら、「モルレン」という名前だとわかりました。まるでムーミン谷の住人のようです。そして意気揚々、酒器として使ってみると、チョロチョロと糸のようにしか注げず、じれったいことこの上なし。考えてみれば、本来目を洗う道具なのですから当然です。だんだんイライラしてきて最後は口からドーッと注いでしまいました。

結局、今は飾って愛でています。それでもなんだか楽しいモルレンさんです。

ガラスびんの洗い方

規定量の酸素系漂白剤を入れてぬるま湯を口いっぱいまで注ぐ。びんが丸ごと入るビニール袋にびんを立ててふたをする（ふたの汚れもきれいに）。袋の中にも酸素系漂白剤を入れ、ぬるま湯を適量注いで空気を抜き、口を軽く縛る。そのまま一昼夜置いてからよく洗う。

※昔のガラス製品は耐熱性ではないものが多いので、熱湯を入れないよう注意。

山形で手に入れた青いびん。昔の人がこれを風呂敷に包み、酒屋や醤油屋に行く姿を想像する……。すてきだなぁ。

夏には緑茶を入れて冷やし、お客さまに出すと喜ばれる。古いガラスは切り口の処理が粗いものもあるので注意。

銅製の蒸し鍋

野菜やプリンを蒸すときに大活躍。写真は朴葉もちを蒸したところ。ホワホワと湯気を上げるさまも美しい。

風が吹けば桶屋の女房は…

その日の骨董市は、風がビューと吹き荒れていました。しばらく待つといくぶん弱くなり、やれやれと店を広げ始めた骨董商のおじちゃんたち。それでも時折、軽いものなら吹き飛ばしてしまうほどの風が吹き、紙ものを扱う人は「今日は駄目だ」と早々に帰り支度を始めました。

風にも負けず道具を並べていたお店で、銅製の蒸し鍋を見つけました。骨董市で時折見かける品で、いつか欲しいなぁと思っていたものです。しかし状態のよい品は少なく、状態がよければ高価で、手が出せずにいました。

店主に値段を尋ねると、思いのほか手ごろ。安さに「えっ？」と驚いたら、さらに値引きしてくれました。「この風だから、早く売っちまって帰りたい」と言うのです。「ヒャッホー」と心の中で叫び、ありがたく購入しました。

さっきまで恨めしかった風が、なんだか恵みの風に思えてきます。「風が吹けば桶屋が儲かる」と言うけれど、桶屋と結婚して四半世紀、強風で仕事場の屋根が吹き飛んで大損したことはあっても、儲かったことは一度もありません。勝手に改めようと思いました。「風が吹けば桶屋の女房が得をする」にね。風が吹こうが雨が降ろうが、これだから骨董市巡りはやめられない！

とても手の込んだつくり。持ち手のフォルムや受け皿の細工、ふたの合わせ具合など、使うたびに惚れ惚れとする。

菓子道具

木型

菓子型には、地域特有のものがあります。岩手の郷土菓子「きりせんしょ」（レシピは20ページ）の型は、おそらく岩手独特のもの。形はさまざまで、丸いもの、木の葉形、半月形。おちゃめな仕草のイカの木型はなじみの古道具屋さんで見つけたもの。

お菓子が先か、道具が先か

道具を買うときは、自分にこう問いかけます。「本当に使うの?」と。道具としてつくられたからには、やはり使ってあげることが、道具に対する敬意だと思うからです。しかし自信をもって「はい」と答えられないにも関わらず、「どうしても欲しい!」と思う道具と出会うことは少なくありません。菓子道具もその一つです。

実は菓子道具は、もう増やすまいと決めているアイテム。すでにたくさん持っているのに、すべてを使いきれているとはとても言えないからです。ユニークで美しい菓子道具は、部屋に飾ってもすてきです。でも、使われないままうっすらホコリをかぶっているのを見ると、道具として活かしてあげられなくてごめんね、という気持ちになります。

だからもう増やすまいと思っているのに、これがなかなかに難しい。だって美しくて、形もユニークなものが多いのですから。そんなわけで、手に入れた菓子道具を活かすべく、和菓子づくりにも挑戦しています。道具が先というのもおかしな話ですが、道具を手に入れたことがきっかけで、上生菓子やもち菓子など、和菓子のレパートリーが増えたのは確かなのです。

三角棒、押し型

練り切りは、さらし布できゅっと茶巾に絞っただけでもかわいいけれど、三角棒や押し型で模様をつければ、本格的な和菓子ができ上がります。

岩手の郷土菓子

きりせんしょ

甘いけれどしっかり醤油味もきいた、岩手弁で言う「べんじぇもの（もち菓子）」の一つです。クルミやごま入り、中に黒砂糖が包まれたものも。型抜きをしたイカは、色艶がリアル！

●材料（つくりやすい分量）

A 上新粉 … 300g、もち粉 … 100g

B 醤油 … 大さじ2、水（計量カップに醤油を入れ、水を足して合計250mlに）、黒砂糖 … 80g

黒ごま … 大さじ1

グラニュー糖 … 適量

サラダ油 … 適量

●つくり方

1　Aをよく混ぜ合わせる。

2　鍋にBを入れひと煮立ちさせる。火を止めた状態で黒砂糖が溶けるまで混ぜたら、1を加えてさらに木べらで混ぜ合わせる。ふたをして余熱で15分ほど蒸らす。

3　バットの上に2をのせ、真ん中に凹みをつくり、黒ごまをのせる。サラダ油を少量つけた手でなめらかになるまでこねる。黒ごまが均一に混ざるように。

4　型の大きさや形に合わせて生地を分割し、形を整えたら、表面に薄くグラニュー糖をまぶして型に押し当てる。しっかり模様がついたら、蒸し器に並べる。

5　強火で15分から20分蒸す。

＊冷めてからの方がシコシコとした食感がおいしい。

＊当日は常温で、その後2〜3日は冷蔵保存可。レンジで20秒温めるとよい。

レンジで本格和菓子

練り切り

練り切り生地をつくって冷凍しておけば、いつでも簡単に上生菓子ができ上がります。

●練り切り生地の材料（12～15個分）

◎白あん…300g

＊市販の白あんでもよいが、寒天が入っていたり粘りが強すぎたりするので、できればあんこ専門店で買い求める。和菓子店に相談すると分けてもらえる場合もある。

◎求肥

白玉粉…10g、水…20ml、砂糖…20g

●つくり方

1 耐熱ボウルに白あんを入れ、レンジで加熱する。1分かけては木べらでよく混ぜる、を繰り返し、ホクホクと粉を吹いてきたら加熱終了。

2 別の耐熱ボウルに白玉粉を入れ、水を2回に分けて加える。そのつどダマができないようよく混ぜる。

3 **2**に砂糖を加えて混ぜ合わせ、10秒ずつ2回レンジにかける。1回ずつ濡れた木べらでよく混ぜる。透明感が出てくれば完成。足りないときはさらに10秒かける。

4 熱々の白あんに、でき立ての求肥を入れて最初は木べらで混ぜ、手で触れるようになったら、こねてしっかり混ぜ合わせる。生地が冷めるまでこねると、なめらかな練り切り生地の完成。

＊練り切り生地は冷凍可能。

●仕上げ（4個分）

練り切り生地…120g、粒あん…80g、ビーツ水煮の煮汁…適量

＊着色について

黄色…ゆで卵の黄身の裏ごし、緑…抹茶、オレンジ…人参のすりおろし汁、ピンク…ビーツ水煮の煮汁、など身近なもので。

1 練り切り生地の半量にビーツ水煮の煮汁をごくわずかずつ加え、好みの色にする。4等分にして丸め、両手ではさんで1cmの厚さにする。

2 残りの生地も4等分にして丸め、両手ではさんで**1**より一回り大きな円になるようにつぶす。

3 粒あんを4等分にして丸める。

4 固く絞ったさらし布の上に、ピンクの生地、白い生地、丸めた粒あんの順に重ね、茶巾絞りにする。桜の押し型をギュッと押し当て模様をつける。

＊仕上げたものは当日中にいただく。

青森県三戸町にある小山田せんべい店の南部煎餅は薄く、食感が最高で毎日食べたいほど。あの味にはかなわないが、薪ストーブの上で焼くことを楽しんでいる。

煎餅焼き器

古道具屋では、鯛焼き器や、もなかの皮を焼く鉄器など、おもしろい道具と出会えるのも楽しみ。

冬の朝のお楽しみ

東北の古道具屋では、煎餅焼き器をよく見かけます。昔は家庭で手づくりすることもめずらしくなかったというから、たくさん出回っているのも不思議ではありません。でも、私好みの薄い煎餅を焼くのに適した焼き器は、なかなか見つかりませんでした。厚みを維持するためのちょぼがついている道具は多いのですが……。

パリパリサクサクの薄い煎餅。モチモチシコシコの半生煎餅。私たち好みの煎餅を焼く道具を長いこと探し、ようやく二つの煎餅焼き器がわが家へやって来ました。

以来、冬になると薪ストーブの上で頻繁に煎餅を焼きます。ごまやクルミやエゴマを入れてパンの代わりに。夫が好きなパリパリサクサクも、私が好きなモチモチシコシコも、どちらも上手く焼けるようになりました。冬の朝のお楽しみです。

片口鍋

注ぎやすく愛らしい形

好きな形や、どうしても惹かれてしまう形があります。片口もその一つです。この愛らしい形は、もちろん注ぎやすさを考えてのこと。

信州の古道具屋さんに、大小さまざまな片口の銅鍋が吊るされていました。ひときわ大きな鍋は何？　店主に尋ねると、かつては牛乳を沸かすのに使ったのだとか。昔から酪農が盛んなその土地ならではの使い方です。

今わが家には、三つの片口の銅鍋があります。大きな銅鍋は、冬には薪ストーブの上にいつも陣取り、お湯を沸かすのに活躍しています。湯たんぽにお湯を注ぐのにも便利です。一番小さな銅鍋は、漏斗《じょうご》のように使うことも。一滴も垂らさず細口びんに注げたときは、よしよしとなんだかうれしくなります。

寒い季節は、薪ストーブの上が定位置。冬になると手づくりするこんにゃくも、ここで一度に茹でられる。そして、湯気の立つ鍋のそばは猫の定位置。

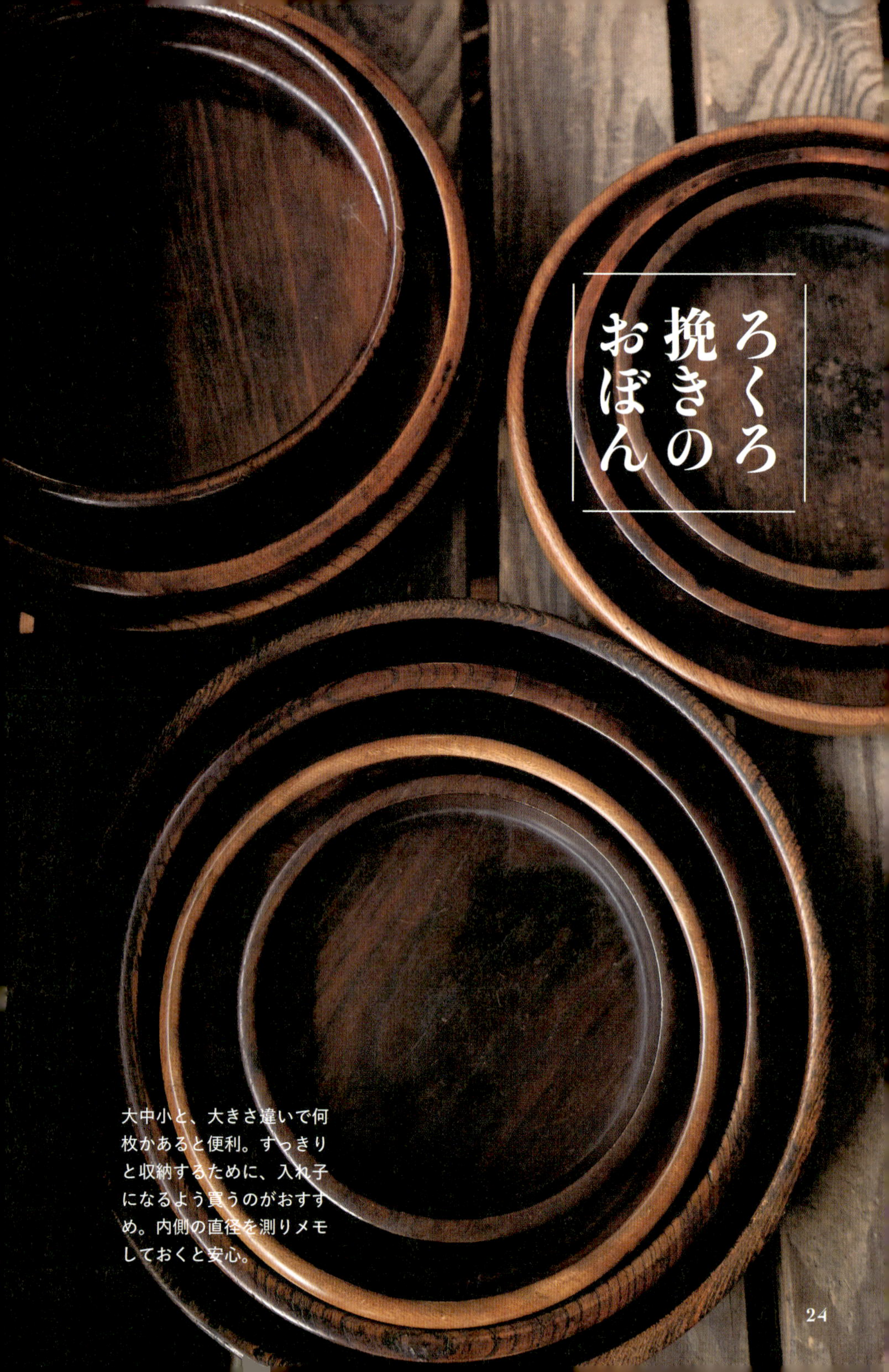

ろくろ挽きのおぼん

大中小と、大きさ違いで何枚かあると便利。すっきりと収納するために、入れ子になるよう買うのがおすすめ。内側の直径を測りメモしておくと安心。

年を重ねて変わる好み

骨董市でもよく見かける、丸いおぼん。材質の多くはケヤキ。黒々と光っていますが、漆を塗っているわけではありません。毎日の暮らしでよくよく使われた結果、醸された色艶です。

このおぼん、最初は夫が好んで買い求めていました。状態のよいものを見かければ必ず手に入れる夫に、私は「もういいんじゃない？　たくさんあるよ」と水を差していました。

なぜって、以前はこのタイプのおぼんが好きではなかったから。同じおぼんでも、鑿《のみ》の跡がわかるような品が好みだったのです。でもいつからか、気がつけばこのおぼんに手を伸ばすようになっていました。なにより使いやすいのです。

垂直に切り立った縁に、親指がしっかりとかかって持ちやすい。面が平らで安定感がある。オットットとバランスをくずしてお茶をこぼしても、縁が深いので床まで濡らす心配もない、などなど使いやすさの理由はいくつもあります。

年を重ねると、見た目の好み以上に使いやすいことが重要になってくるものですね。握力が衰えてきたり、つまずきやすくなったりしても、そっとフォローしてくれる。このおぼんはそんな道具なのだと気づいてからは、愛着も増し、今では私の方が進んで買い求めるようになりました。

「まだまだあってもいいよね」なぁんて言いながら、自らコレクションを増やしているのですから、変われば変わるものですね。

菓子鉢や盛り皿にも使え、ガラスのドームをのせれば、洋菓子のケースに。

スタイルと枠を決める

折《お》敷《しき》

タイマグラで暮らしていたマサヨおばあちゃんの家に、立派な朴の木がありました。「山から引っこ抜いて植えたんだ。朴葉は食べもん包むのに便利だからなぁ」。そう言いながら、手折った朴葉にかまだんごやおにぎりをくるりと包み、持たせてくれました。

家に帰って包みを開くと、葉っぱがそのままお皿に！ 折敷の由来は、こうして植物の葉を折り、食器がわりに使ったことだそうです。

お客さまには、折敷で食事をお出ししています。

丸いもの、四角いもの、半月型などがある。仕上げも拭き漆、黒漆、朱漆などさまざま。一辺八寸の折敷を色違いで愛用している。

ボリュームのある主菜、卵料理にサラダや煮物、果物やコンポート。小鉢や豆皿に盛り付け、彩りよく並べると、あら不思議！ 普段のおかずがとってもおいしそう。いつしかそれが私のスタイルになり、訪れる方に「わぁ、ちほさんのお料理だ」と喜ばれるようになりました。

枠が決まると献立も考えやすくなります。折敷に器を並べ、何を盛ったら映えるか思いをめぐらせる。それは絵を描くことと似ています。折敷というキャンバスがあるから、料理が描きやすくなる。そうして献立を考えるのは至福のときです。

猫にお膳

折敷とお膳の違いは、脚の有無。老猫には餌皿の位置を高くするといいと聞いたので、お膳を利用。猫も大事な家族ですもの！（もちろん人間もお膳を愛用）

折敷は耳慣れない言葉だが、
今風に言えばトレイ。来客
時も普段の食事でも折敷が
大活躍。彩りを意識すれば
自然に栄養バランスも整う。

お重

カジュアルに使う

子どものころ、特別な日のお弁当はお重に詰められていました。いつもと同じ海苔巻きも卵焼きも唐揚げも、お重に入っていると格別においしいと感じたものです。「お重のお弁当は特別」。その実感を通じて、道具の力を知らず知らず学んでいたように思います。

かけっこが苦手で、運動会は気が重かったけれど、前日に母が大事な道具をしまっている戸棚から箱を出し、和紙を広げてお重を丁寧に取り出し、洗って布巾の上に伏せているのを見ると、心がウキウキしたものです。お重は特別な道具。ハレの日の道具。心踊る道具。大切な思い出と共に、心にしっかりと刻まれました。

しかし！です。最近の私は、普段の暮らしでもお重をよく使うようになりました。高価なイメージのお重ですが、多少難ありのものなら、骨董市や古道具屋さんで、比較的手ごろな価格で買うことができるのです。古道具のお重は艶々していない分、親しみやすく、普段の暮らしでも使いやすい。ふたができて重ねられるし、保存容器としてもとても機能的です。

ハレの道具としてのお重も大切にしたい。でもこんな使い方もうんとうんとおすすめです。

重箱式弁当箱

重箱式の弁当箱もお気に入りの道具。子どもたちが集うとき、お昼ご飯をこの弁当箱に詰めて出すと、みんな不思議議なほどお行儀がよくなります。わが家ではこれを「お重マジック」と呼んでいます。

夫と二人のある日のランチ。左上から時計回りに、夏みかんのマリネとミニトマトの煮びたし、雷こんにゃく、車麩の唐揚げ、ピリ辛きゅうり、南瓜とひじきのサラダ、卵焼き、なすの揚げびたしきゅうりの酢のもの添え。右のお重はご飯、しそ巻き、おからカレー。

お重の使い方と手入れ

漆器なので、金属のカトラリーは不向き。使用後は水につけっぱなしにしない。直射日光には当てず、電子レンジにもかけないこと。

わが家の定番

車麩の唐揚げ

●材料（4人分）

車麩（10cm 程度のもの）5枚、**A**〈醤油…大さじ1、みりん…大さじ2、だし汁…醤油・みりんと合わせて200ml〉、片栗粉、揚げ油…各適量、**たれ**〈醤油、砂糖…各大さじ2、酢…大さじ3〉

●つくり方

車麩をビニール袋に入れ、**A**を加えて空気を抜き、冷蔵庫で半日しっかり戻す。水分が足りず固い場合はだし汁を足す。車麩を4等分に切り、片栗粉をまぶしてカラリと揚げる。たれの材料を鍋に入れて火にかけ、煮立ったら弱火にし、とろみが出てきたら揚げた車麩を加え、鍋をゆすって全体にからめる。

繭《まゆ》皿

本来の使い方に想いを馳せて

一枚板からくり抜かれている貴重な繭皿。この皿の道具としての歴史も語り継いでいきたい。

その名からわかるように養蚕の道具。繭をのせておくためのお皿で、一枚板からくり抜かれています。素朴な印象ですが、繭が引っかからないよう丁寧に磨かれていて、渋い輝きを放っています。

この繭皿、果物や料理を盛る大皿として大人気。なかなか値の張る古道具の一つです。

わが家でも、春にはこごみパスタやたけのこご飯を。夏には山盛りのグリーンサラダやスイカを。秋には栗しぼりや南瓜サラダを。そして冬にはりんごやみかんを。四季を通じて食卓で大活躍しています。


時折ふと思います。かつて繭皿を使っていた人たちが、この様子を見たらどう思うかしらって。きっと、さぞ驚くことでしょうね。

古道具の中には、本来の使い方がわからなくなっているものも少なくありません。「はて?」「さて?」と推理するのも楽しいけれど、本来の使い方がわかる場合は、道具としての歴史も語り継いでいきたいものです。そのギャップもまた、古道具の魅力。かつて繭が入れられていたという事実は、この大きな木皿をより魅力的にしていると思います。

栗しぼりを盛る器としても、ほおずきのリースをつくる際の材料入れとしても活躍。

鏡

木彫の細工が美しい、年代ものの鏡。鏡には空間を広く見せる効果や、光を反射して明るくする効果がある、置き場所の決め手は、鏡に映る風景。

もう一つの世界を想像する

わが家では、すべての部屋に鏡を置いています。身だしなみに人一倍気を遣うタイプではなく、むしろその逆なのに……。

鏡は、家を舞台に見立てるならば、小道具のようなものだと思っています。家のことをしながら、ふと目を留めて鏡をのぞく。不思議なものは何も映っていないけれど、「鏡の向こうに、もう一つの世界があったら？」と、そんな想像をするのが好きなのです。

子どものころ、異界を旅する物語が大好きでした。長い時間を経た鏡は、はげたりすすけたりして、ピッカピカではないし、くっきりとも映らない。だから余計に、想像力がかき立てられるのかもしれません。

鏡の前に花を飾るのが好き。ろうそくの火を灯すのも好き。一輪の花が二輪になり、一つの灯火が二つの灯火になって、飽きずに眺めていられます。ちなみに、鏡に映った猫や時計を見るのも好きです。

普通は、鏡に映して整えるのは髪やお化粧なのだろうけれど、私は鏡に映る世界を整えるのが好きみたい。ちょっと変わった趣味でしょうか。

ときどき鏡に映る自分の姿を見つめている、猫のハクちゃん。

古い鏡の取り扱い

壁にかける場合、金具がゆるんでいることもあるのでしっかり確認。ネジを締め直し、鎖が腐食していたら交換を。

時計

おだやかに時間を刻む愛おしさ

チクタクチクタク、ボーンボーン。

わが家にかかっている時計は、どれも年代物。刻む時間もまちまちです。それじゃあ時計をかけている意味がないじゃないか、と突っ込まれそうですが、私たち家族の暮らしは、5分や10分時間が合わなくてもノープロブレム！　来客や外出の予定があって、正確な時間を知りたいときは、スマホが頼りです（笑）。

バネの力だけで時を刻むゼンマイ時計。理屈はわかっているけれど、本当にすごいなぁと感心します。ゼンマイを巻くタイミングは時計によって異なります。3日巻き、1週間巻き、1ヵ月巻き……。つくられた年代が古いほど、頻繁にゼンマイを巻く必要があります。

内部には、針を進めるためのゼンマイと、時報を鳴らすためのゼンマイがあり、巻く回数にも個性があります。ゼンマイを巻いた直後は、時報がボンボンボンとせっかちになり、バネがゆるんでくるにつれてボーンボーンとのんびりになる。そんなこんなもひっくるめて、すべてがなんとも愛おしいのです。

←普通なら金属でできているはずの振り子はガラス製、文字盤は紙に印字されている。鍋釜さえ武器をつくるために供出した戦時中、時計も例外ではなかったのだ。わが家の時計の修理やメンテナンスは、夫の担当。

1週間ごとに巻かなくてはならない大きな丸時計。年代物のため、時報を13回鳴らすこともしばしば。大好きな物語『トムは真夜中の庭で』を思い出して、ちょっとドキドキ。

洗面所には、可憐な形の小さなテーブルライトを置いている。

切子細工の梅と鶯が懐かしい雰囲気。現代の製品にはない繊細さがとても好き。

電傘

灯りは、部屋の雰囲気を決める重要なアイテムです。家の中ではのんびりしたいので、暖かな印象の電球色を選び、ルーメン（光の量）も控えめにしています。年を重ねるにつれて視力が衰えてきたので、目を使う縫いものや読書は、太陽の光が差し込む日中にするように心がけ、煌々とした明るさは不要になりました。必要最低限の明るさにとどめ、くつろげる灯りを大切にしています。

乳白色の、その名も「ミルクガラス」の電傘は、なんともやわらかな灯りです。プレスガラスの複雑な凹凸が美しい陰影を落とすもの。切り子細工で彫られた梅と鶯に、セルロイド飾りがかわいらしいもの。まるでスズランの花のような可憐な形のもの。どの電傘も時間をかけて探し、一つひとつ手に入れてきました。

電傘のように暮らしに不可欠な道具は、必要になってから探しても間に合わないことがあります。結局「コレでいいか」と妥協して購入し、でも、やっぱり気に入らなくて、また別のものが欲しくなる……。その繰り返しになりかねません。

逆に、しっかり時間をかけて、本当に気に入ったものと出会えたなら、末永く心地よく使い続けることができます。長い目で見れば、これも一つのSDGsといえるのではないでしょうか。

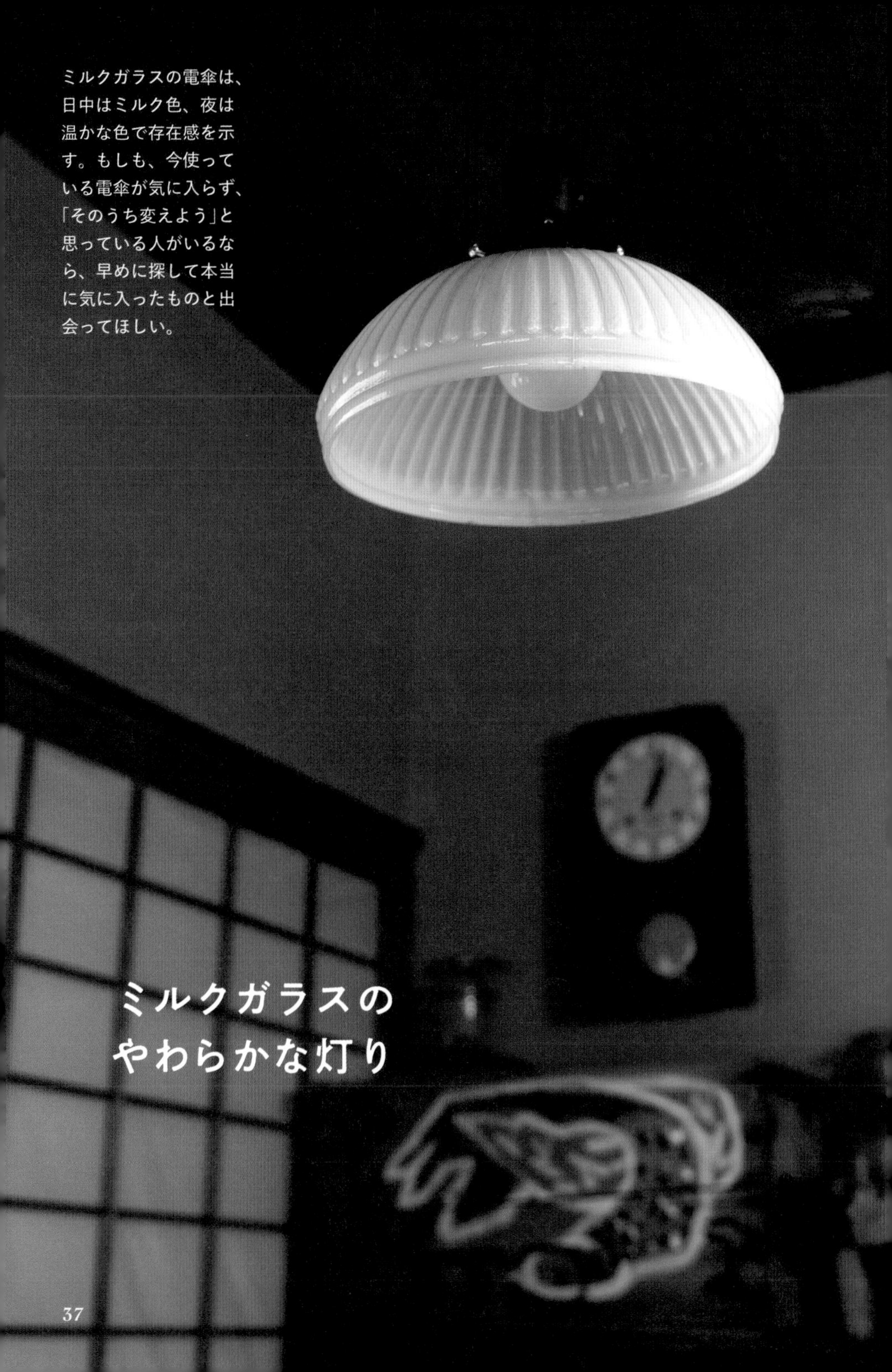

ミルクガラスの
やわらかな灯り

ミルクガラスの電傘は、日中はミルク色、夜は温かな色で存在感を示す。もしも、今使っている電傘が気に入らず、「そのうち変えよう」と思っている人がいるなら、早めに探して本当に気に入ったものと出会ってほしい。

ランプ

京都の古道具屋さんで購入した、大きなランプ。今も、暴風や大雪で停電するたび役立っている。

いざというときの備えにも

タイマグラに移住する直前、夫の故郷である大阪に10日ほど滞在し、京都にも足を伸ばしました。京都御所の近くにあった、小さな古道具屋さんで見つけたのが、写真の卓上ランプです。移住して最初の2ヵ月間は、電気が通じないとわかっていました。「このランプはきっと活躍するね！」と、二人で初めて買った古道具です。実際、大いに活躍しました。

今では滅多に灯しませんが、いつも目に留まる場所に置いています。ランプってすてきですもの。いざというときは頼もしい存在です。あの震災でも、電気が途絶えた数日間、ランプの灯りにどれだけ助けられ、励まされたかしれません。

有事の際に、優秀な防災グッズを用意しておくのは大切です。でもこうも考えています。普段の暮らしで使えて、身近に置いて邪魔にならず、いざというときにも役に立つものがいい。このランプは、まさにそんな道具の一つです。

ランプと同じく、ろうそくの灯りも大好き。世話をしているニホンミツバチの蜜ろうでつくったろうそくを、日ごろから灯しています。普段の暮らしで楽しみつつ、これも一つの備えです。

蜜ろうのろうそく

蜜ろうのろうそくは、やわらかな光。蜜ろうは不純物を除いて精製し、カヌレ型で固めて保存。ろうそくだけでなく、リップクリームや木製品のワックスとしても利用しています。

私の衣類のほとんどが納められているのは、譲っていただいたこの箪笥。シンプルかつ美しい上に大容量！

思い出を譲り受けて

古い道具に囲まれたわが家の暮らしをご覧になった方から、思い出の家具を譲っていただくことがあります。「ちほさんなら活かしてくださると思って」と声をかけてくださるのです。

友人のお母さまが大事にされていたというこの箪笥もそうして譲られたもの。私の普段の洋服がほぼすべて入っています。以前は、洋服の整理がとても苦手でしたが、たっぷりと収納できるこの箪笥を使うようになってから、自分でも驚くぐらい、きちんと整理できるようになりました。もはや私だけの力とは思えません。お会いしたことはないけれど、きっとお母さまが

台所のカウンター下には漆器や菓子道具を収納した箪笥も。細々としたものが入り、開けて確認できるので便利。

整理整頓が苦手な私にとって、小さな引き出しがたくさんついた小箪笥は頼もしい助っ人。手芸用品や消しゴムはんこなど、ジャンルごとに収納すると片付けるのが楽。

古い箪笥の手入れ

古い引き出しがなめらかに開閉するよう、ときどきイボタ蝋を塗るとよい。(虫干しについては48ページ参照)

お力添えしてくださったに違いない！　と思っています。古道具には、そんな思いがけない御利益もあるのです。

来歴さまざまな古い家具を愛用していますが、思い出と共に直接託された家具には、より強い愛着を感じます。大切に使い、また次の使い手にちゃんと手渡していきたいと思います。

秤

道具使いで遊ぶ

珈琲を淹れるときは、いつもおかわり分を含めて500㎖を抽出します。珈琲豆は35g。沸騰させたお湯をドリップポットに移して適温に冷まし、丁寧に淹れます。珈琲豆の計量は、以前はデジタル秤を使っていました。正確なのはよいけれど、なんとなく味気ないなぁ。豆を計るたびに気になっていました。

あるとき骨董市で目に留まった、古びた分銅秤。わぁ懐かしいと手に取って眺めていたらパッとひらめきました。これで珈琲豆を計ったらきっと楽しいよね。気に入って眺めていたら、店主さん、「分銅も受け皿もないから、500円でいいよ」ですって。

家に持ち帰って、さっそくお手入れ。さて上皿には何を使おうか。食器棚をのぞき込んで、輪花の木皿と深めの木皿を手にとりました。「よし、コレでいこう！」。

分銅の代わりに、旅先の海で拾ったきれいな小石の中から、珈琲豆の重さと釣り合うものを見繕いました。高知の桂浜、青森の鰺ヶ沢、宮城の蛤浜で拾った石三つがちょうどよさそうです。

骨董市で見つけた古びた秤と、食器棚で眠っていた木皿と、旅先の海で拾った小石。それらを寄せ集めて、わが家の珈琲豆を計る道具が完成。デジタルの秤に比べたら正確さでは劣るけれど、計る作業がうんと楽しくなりました。

よい道具ってなんだろう？　きっと答えは一つではないですね。ただ計るだけなら、デジタル秤に軍配が上がります。でも私たちにとっては、ちょっと愉快なこの秤が好ましいのです。

カラカラユラユラ、珈琲豆を計るたびに味わうちょっとした楽しさ。私たちにとっては、かけがえのない価値ある道具。

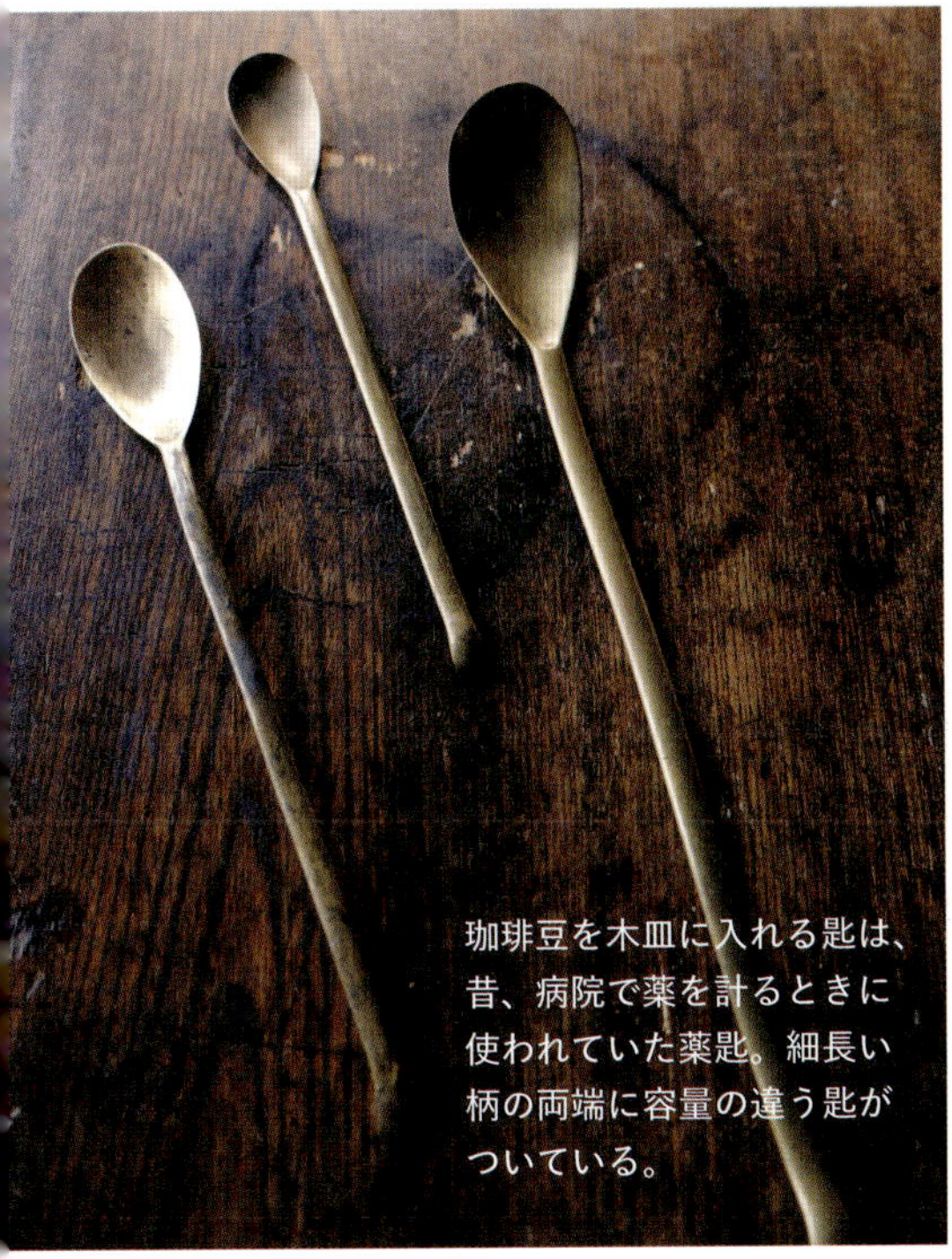

珈琲豆を木皿に入れる匙は、昔、病院で薬を計るときに使われていた薬匙。細長い柄の両端に容量の違う匙がついている。

同じタイマグラ集落に住む甥が焙煎している「珈琲ノ生」の豆。

古釘

たかが、クルミほじりと侮るなかれ。「たかが」にとことんこだわったことで、小さなトキメキというご褒美を、毎朝受け取っている。

小さな不便を解消するトキメキ

毎朝のサラダに木の実をトッピングしています。森で拾い集めたクルミと、知人宅で拾わせてもらったカヤの実です。

クルミは週に一度、まとめて割ります。一晩水に浸けておいたクルミを、ストーブの上で炒り、殻のつなぎ目が少し開いたら、金床《かなどこ》にのせます。割れ目に鉈《なた》を当て、木槌でトンと叩けばきれいにパカリ。そうして割ったクルミから、実を取り出す道具として愛用しているのが、古い大きな釘です。もうこれ以上の道具は見つからないだろうなぁ、と思うくらい完璧な道具です。

この釘にたどり着くまで、いったいいくつの道具を試したことでしょう。この古釘は、山形の桶屋さんから譲られた道具の中に混ざっていました。鍛冶仕事で手打ちしたに違いない、大きくて無骨な釘を手にした瞬間、これはクルミをほじるのにピッタリ！　とピンときました。実際に使ってみたときの感動は忘れられません。

暮らしには、不便がたくさん潜んでいます。その多くはごくごく些細なこと。だから「まぁ仕方がないよね」とあきらめたり、見て見ぬふりをしたりする。一つひとつは小さなことでも、それが寄り集まれば、暮らしから心地よさを奪っていきます。小さな不便やストレスに、ちゃんと目を留め解消する。そう努めることは、トキメキのある心地よい暮らしにつながっている！　私はそう信じています。

コレはと思う形状を見つければ、手当たり次第に試してようやく出会った。現代の道具にはない、無骨な温かさ。

糸を通して軒下で凍らせると、独特の食感の凍みこんにゃくになる。水で戻して煮物などに使う。

針

針はどう思っているのかな？

「この箱どれでも〇〇〇円」

骨董市などでよく見かける光景です。ホコリをかぶって破れかけた段ボール箱に、ごちゃごちゃといろいろな品物が入って、たいてい３００円や５００円。割れる心配がない細かな金物は、そういった箱で見つけることも多く、目に留まったら必ずガサゴソと探ります。この立派な針は、３００円の箱の中で見つけました。

針というと、現代人は縫い針しか思い浮かべないかもしれません。でも昔はあらゆる道具を修理していたので、さまざまな太さや長さの針があったのです。

この針は、凍《し》みこんにゃくをつくる際、糸を通すのに活躍しています。やわやわのこんにゃくを、プスリプスリ。針はどう思っているのだろう。まさか、こんにゃくを縫うことになろうとは、微塵も思っていなかったはず。不満かな？ それとも楽チンと喜んでいるかな？

手前はびっくりするほど大きく重たいハサミ。真ん中は手織りのノッティングマットの仕上げに愛用。奥はカゴのささくれを切り取るハサミ。どれも形がおもしろい。

ハサミ

何を切っていたのかな？

ハサミもまた、古道具屋のごちゃごちゃした箱の中で発見するアイテムの一つ。形も大きさも実にさまざまあって驚かされます。不思議なハサミと出会うたびに、何を切っていたものだろう？とあれこれ想像が広がりワクワクします。

ひときわ大きくて重たいハサミ。出会ったときはたまげました。店主も使い道はわからないとのこと。すごい切れ味で、紙をスーッと切ることができますが、片手で握るにはあまりに重く、せっかくの切れ味を生かすチャンスはまだありません。でも、いつかきっと、コレという役割が見つかるはず。ハッとひらめくその時が楽しみです。

本来の使い道がわからなくても、一体何に使っていたのだろうと想像するのは楽しいし、私なりの使い道を見つけるのも楽しい。マニアックなアイテムですが、これからもジワジワ増えていきそうです。

家具を虫干ししていたら、猫たちもやってきた。気持ちよさそう。

Column

古道具の手入れと日光浴

古道具は、どんなものでも手入れが大切です。磨けば見違えるように美しくなり、固い金具がなめらかに回るようになります。そして、折にふれて手入れをすると、長く使うことができます。

●家具の虫干し

大きな家具などは、日光浴＝虫干しをしましょう。空気の乾燥した天気のよい日に、空っぽにした箪笥を丸ごと外に持ち出し、ホコリを払い、風を通してさっぱりとさせます。丸ごと持ち出すのが難しい場合は、引き出しを一つずつ日に当てるだけでもＯＫ。

●反りや割れに注意

木は製材されてから何十年経っても変形します。日光に当てるとからりと乾いて気持ちよいけれど、短時間にしないと反りや割れの原因になるので気をつけて。

●直してまた使う

不具合の多くは修理が可能です。破れた椅子の座面は張り替えてくれる工房があるし、割れたガラスも必要なサイズに切ってくれる店があります。道具は使っていれば壊れることもある。「壊れたら買い換える」のではなく、「直してまた使う」ということも伝えていきたいです。

2

器は古いものも新しいものも好き

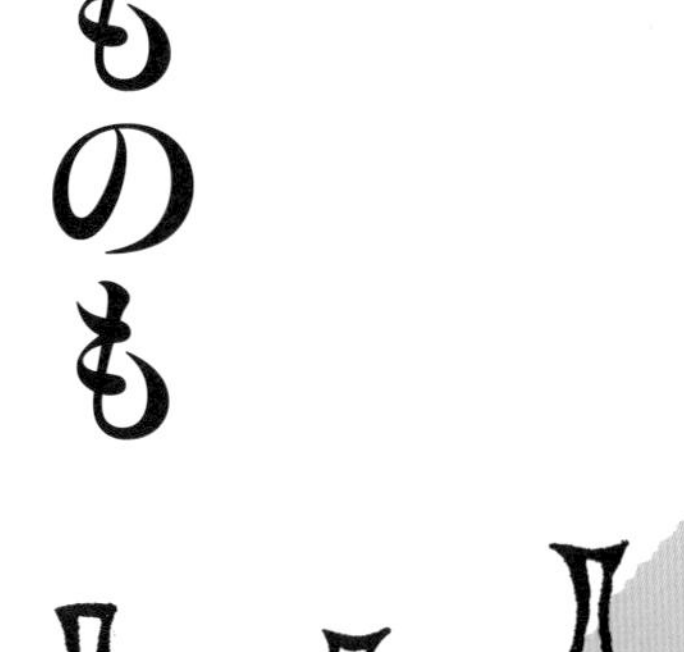

器の力を信じています

「器の力？」と首をかしげているなら、ちょっと試してみませんか。手元にある器を手に取り、じっくりと眺め、こう唱えます。「お皿よ、お皿よ、お皿さん。あなたにピッタリの料理はなぁに？」

最初はぼんやりと、でも次第にクッキリと浮かんでくるはずです、そのお皿にぴったりの料理が！　何の気なしに使っていた器の可能性に気づき、活かすための魔法の言葉です。

「おいしそうな食材を手にすると、料理のアイディアが浮かび、調理も楽しくなる」という意見には、みなさんフムフムと同意してくださるでしょう。では、「すてきな器を手にすると、料理のアイディアが浮かび、調理も楽しくなる」という意見はどうかしら？

ある日のこと。なじみの古道具屋で、染付の小鉢と小皿が目に留まりました。本来は別々に使われていたものを、まるでカップ&ソーサーのように重ねて陳列したのは店主のセンス。

見た瞬間、いくつもの料理が浮かびました。まずは、葛あんをとろりとかけた茶碗蒸し。海苔とワサビを添えたら美しかろう。モチモチの白玉もいいな。小豆あんと黒蜜、ふっくら戻したクコの実をトッピングしたらすてきよね。持ち手はないけれどデミタスカップとしても使えそう。珈琲と藍色は相性がいいもの。よし、大活躍まちがいなし！　そう確信を持って購入しました。

以前は、茶碗蒸しが食卓に登場することは稀でしたが、今では十八番料理の一つに。明らかにこの器を手に入れたことがきっかけです。大きさもちょうどよく、藍色の効果で茶碗蒸しがごちそうに見えます。

組み合わせた小皿もまた、なかなかいい仕事をします。蒸したて熱々でも、小皿と組み合わせれば直に折敷に置くことができるし、滴るしずく問題も解決です。

ぴったりの器を手に入れることで、レパートリーは増え、調理する喜びも大きくなるのです。

器から料理を思い浮かべる。その想像力は、器選びにも大いに役立ちます。心惹かれる器を見かけたら、例の魔法の言葉を唱えてみてください。

「お皿よ、お皿よ、お皿さん。あなたにピッタリの料理はなぁに？」

豆皿

古道具、初めの一歩

棚の引き出しにぎっしり並んだ豆皿。購入した皿は、酸素系漂白剤に一晩つけてさっぱりさせてから使う。

盛岡で月に一度開かれている骨董市に、初めて行ったときのこと。通りをはさんだ両側に、25軒ほどの古物商が店を開いていました。さまざまな時代の品々がところ狭しと並び、最初はなかなかピントが定まりません。それでも実際に手に取ってみたり、常連らしい方と店主とのやりとりを「なるほど、こんな風に買い物をするのか」と眺めたり、何度も行ったり来たり。

迷った末に、唐草模様のなます皿と、帆船が描かれた扇形の豆皿と、濃い藍色の菱形の豆皿を、3枚ずつ買い求めました。さっそくその日の夕食で使ってみて驚きました。なんというか、食卓に品が加わったのです。おつまみのナッツさえ、菱形の豆皿に盛ったらいつもよりうんとおいしそう。古道具っていいね！ すっかりはまってしまったのです。

鳥をモチーフにした豆皿は好んで集めている。揃いでなくてもいろいろな形があるのが楽しい。

図柄も形も多種多様

豆皿は、古道具初心者におすすめのアイテムです。使いやすい、収納場所を取らない、お値段も手ごろ、などが理由です。図柄も形も多種多様で、選ぶのが楽しいのもおすすめポイント。

食器は圧倒的に丸いものが多いけれど、変わった形のお皿が混ざると食卓が華やかになります。4人のお客さまに、4種類の豆皿に盛ったおやつを「さぁどうぞ」。私はコレがいいな、あなたの模様はなに？ そんなことがきっかけで話が弾むこともあります。

豆皿選びのコツ

【形】小さな豆皿は、扇形、菱形、舟形など変形の器も取り入れやすい。

【絵柄】「鳥」「犬」「松」などモチーフで集めるのもおもしろい。

【1枚から】家族の人数分同じものではなく、好きなものを1枚ずつ買うと揃いでない楽しさがある。

かわいい形の豆皿に色とりどりのおかずを盛り付けて。食卓に並んだときの華やかさも豆皿が演出してくれる。なすの揚げびたしと菊花の甘酢和え、小松菜のおひたしと手づくりこんにゃくの炒り煮、キヌア入り人参ラペ鹿肉のロースト添え。

明治以降、絵柄を転写する方法が編みだされ、盛んにつくられた印判手の器。型紙を用いた紙刷印判が銅印判になり、ゴム印判へ。同じ印判手でもつくり方によって趣が異なる。私が好きなのは紙刷印判。ズレやにじみが魅力になっていると思うから。

印判《いんばん》皿

濃い深い藍色、飽きがこない器

子どものころのお手伝いといえば、真っ先に思い出すのが、お皿を持って魚屋さんへお刺身を受け取りに行ったことです。持っていく器は、きまって大きな藍色のお皿でした。

「このお皿はねぇ、お母さんがお嫁に来るときに、おばあちゃんからもらったものなのよ」。そんな話を母から聞いていたので、行きも帰りも慎重に運んだものです。

古道具に興味を持つようになってから、今も実家で使われているそのお皿をしげしげと眺めました。細かい唐草模様がびっしりと描かれた、鮮やかな藍色の印判手《いんばんで》。母が大切にしてきたそ

写真手前は印判手でよく見るなます（酢のもの）皿。深さがあり、ほどよい大きさで銘々皿として使いやすい。

どんな料理でも不思議と映えるのが、印判皿の魅力。サラダやパスタ、オムライスなどの洋食にもおすすめ！

のお皿を久しぶりに手にしたとき、しみじみと愛着を感じました。私にとっても大切なお皿になっていたのです。

あるとき骨董市で、同じ柄の印判皿を見つけました。二回りほど小ぶりですが、銘々で使うにはよいサイズ。値段も手ごろだったので7枚買い求めました。これが素晴らしく使いやすいのです。

朝食ではサラダを、昼食ではパスタを、そして、夕食ではせん切りキャベツとよんかつを。どんな料理を盛っても映えます。

濃く美しい藍色は品があって、毎日使っても不思議と飽きがこない。子どものころの思い出が、多分に影響しているのは明白ですが、とってもとっても気に入っています。

赤や緑や青など、さまざまな色被せ切子があるけれど、私は渋い紫色がお気に入り。

切子のコップ

素朴な模様がめんこい

江戸切子や薩摩切子の、緻密で精巧なカットにはため息が出ます。キラキラとまばゆい光を放つ美しさに、時を忘れて魅入ってしまいます。でも、あまりにゴージャスで、わが家にはそぐわないかな？　いくらすてきでも、相性ってありますよね。

わが家に迎え入れるのは、もっぱら素朴な模様の切子です。複雑なカット

飲みものを注ぐと、かわいい模様が浮き上がる。牛乳を飲んだり麦茶を飲んだり、普段も使いやすい。

ではないけれど、草花や蝶々、単純な幾何学模様などが刻まれていて、とてもかわいらしい。普段の食卓でも手軽に使いやすく、お気に入りです。

数年前から集めているのは、紫色の切子のコップ。模様が違うものを見つけるたびに、一つずつ買い求めています。揃えることにこだわってはいません。色や大きさにある程度の統一感があれば、バラバラなコップでお客さまにお出ししたっていいと思っています。むしろ「わぁ、いろんな模様があるのね！」って喜んでくださったりもするのですから。

これからもかわいいコップとの出会いがあるといいなぁ。棚に並んでいる紫色のめんこいコップを見ては、にこにこうれしい気持ちになるのです。

果実酒はこのお気に入りのグラスでいただくといっそうおいしく感じる。

キュンキュンする美しいグラス

リキュールグラス

小さな小さなリキュールグラス。これも古道具屋さんや骨董市でよく見かけるアイテムです。いろいろな形、いろいろな模様のリキュールグラスがあり、どれにしようかな？と選ぶのが楽しみです。当時の人たちが、今風に言うならキュンキュンしながら使っていたと想像すると、うれしくなります。

果実酒は、いつもこの美しいグラスでいただきます。それだけでなく果物やコンポート、黒豆を盛ったり、きゅうりと菊花の酢の物を盛ったりしてもステキ。高さがあるので、折敷に並べたときもメリハリが出てグッジョブです。

ちなみに、わが家でリキュールグラスを収納している棚は、もともとはお菓子などを入れる箱でした。扉と棚板を取り付け、壁に打ち付けて使っています。自画自賛だけれど、なかなかのアイディアでしょう、エッヘン！

リキュールグラスは、骨董市で見かける定番アイテム。種類の多さにはびっくりする。

もともとはお菓子の箱だったものをリメイクした収納棚。ガラスの扉を取り付けたので、中が一目瞭然。

季節の花を飾ってもかわいい。普段から料理を盛る器としてもよく使う。

デザート皿

脚付きのデザート皿に、プリンをパカッと返し、白玉、カステラ、コーヒーゼリー、あんこなど好みのお菓子と果物を彩りよく盛り付けて。ホイップクリームは添えずさっぱりと。今食べたいものをあれこれ盛り合わせれば、私のためのプリン・ア・ラ・モードの完成！

昭和レトロの魅力

齢《よわい》56の私。その内訳は、昭和20年＋平成30年＋令和6年。いつか「平成レトロ」なんて言葉が使われる日も来るのかな？　でも現時点では、平成はまだまだ色あせ具合が甘い。やっぱり懐かしいといえば、昭和なのであ〜る！

懐かしさは古い道具の魅力の一つですね。道具が糸口になって、するすると思い出がよみがえることも少なくありません。

デザート皿も、そんな道具の一つです。プレス（型押し）ガラスのデザート皿を手に取ると、子どものころにデパートの展望食堂で食べた、ホイップクリームと果物がたっぷり添えられたプリン・ア・ラ・モードを思い出します。

わが家では、今日のおやつがプリン・ア・ラ・モードとわかると、娘も当然のように食器棚からデザート皿を取り出してきます。平成生まれの彼女にも、昭和レトロの魅力がジワジワ浸透しているなら、うれしいな。

プレスガラスのデザート皿にカットフルーツを盛るととても爽やか。

デザート皿のデザインは多種多様。いろいろな形を少しずつ集めて楽しんでいる。

お気に入りのセレクトショップやギャラリーは器選びの頼もしい味方に。

この白い器は、山向こうに暮らす友人の作品です。お気に入りポイントはいくつもあります。

食材を引き立てる色。シンプルで温もりのある形。薄くて軽いのに丈夫。目立たないけれど、丁寧に施された模様の好ましさ。使ってみるとしみじみ使いやすい、そんな器です。

出会ってかれこれ30年。いつの間にか食器棚には彼女の作品がたくさん並び、今日も「まこちゃんの丼とって」「まこちゃんの六角皿がいいな」と大活躍。

この人の作品好きだなぁ。安心して使えるなぁ。そんなつくり手さんが私のまわりにはたくさんいて、作品を拝見する機会を楽しみにしています。今風に言うなら「推し！」ですね。こんな推し活も楽しいですよ。

しみじみ使いやすい
まこちゃんの器

長方形の皿はワンプレートランチに大活躍。とうもろこしご飯の焼きおにぎりは、青じそをクルッと巻いてパクリ。きんぴらは、ごぼうと人参を太めのささがきに。人参は甘さを引き出すようじっくり炒め、少しやわらかめに。ごぼうはカリカリと歯ごたえよく。仕上げ前に炒め合わせて甘辛く味付け。食感の違いもおいしさになる。なすの揚げびたし、トマト、食用ほおずき、芽キャベツを添えて。
＊野菜は全て家庭菜園で収穫したもの。

ローストビーフ丼。表面にこんがりと焼き目をつけ、低温調理でじっくり中まで火を入れたローストビーフ。ご飯の上にたっぷりのオニオンスライス、ローストビーフの上には穂じそを。食べる直前にホースラディッシュのすりおろしと醤油を和えたものをかけていただく。

陶工房しゅうと

美しさは細部に宿るといいますが、使いやすさもまた細部に宿るもの。湯呑みならば縁の薄さやわずかな反りに。ご飯茶碗の上げ下げのしやすさは高台の高さに、などなど。人それぞれ使いやすさの好みは違うので、自分がどういう点に使いやすさを感じるのか、日ごろから意識するとよいと思います。

ある展示会でのこと。わずかに口がつぼ

自分にとっての使いやすさとは？

わずかに口がつぼまっていることで、汁物がとても食べやすい。そんな工夫が施されているしゅうとの器。

まっている浅い鉢を娘が気に入り、買い求めました。どこが気に入ったのかを尋ねると、「見た目も気に入ったけど、口がつぼまっていて使いやすそうだなぁって思ったの。お粥とかを食べるのによさそうじゃない？」

実際にお粥を盛ったら、確かに使いやすい。娘も「このちょっとしたカーブがいい」とご満悦です。

お粥をすくうとき、匙を器に添わせると、縁からタラリと外側に垂れてしまうことがありますよね。この器は、縁のわずかな返しが功を奏し、美しいだけでなく、すくいやすいのです。

使いやすいと感じたとき、その喜びをしっかり分析（といっては大げさですが）し、「なるほど、こういう理由で使いやすいのね」と意識化することを習慣にしましょう。器選びの成功率がグンと上がる秘訣です！

娘と同じ器を私も買い求め、愛用中。黒糖寒天をのせた赤釉の輪花皿もお気に入り。

お気に入りの３枚。薪窯で焼かれた器には、焼成中にふりかかる灰の効果で、それぞれ違う表情が生まれる。

今野安健

この器には、盛り付けたものの美しさを引き立たせるすごい力がある。和菓子もキリッと華やかに。

独特な存在感の黒い器

黒い器はおしなべて料理を美しく見せてくれます。ただし、気に入るものと出会うのはなかなか難しい。黒い器を見かけたら必ず手に取り、じっくりと眺めます。よい出会いを求めて……。

今野君の黒い小皿は一番のお気に入り。あえて均一ではない土を使い（小石まで入っています）形もいびつです。一見無骨で使いこなすのが難しそうに思えるけれど、どんな料理も引き立ててくれる理想の黒い器です。

独特な存在感をもつ安福さんの黒い器。モダンなデザインと錆釉の質感は、わが家の食器棚で異彩を放つ存在ですが、こちらも気に入っています。このフラットプレートは、お菓子を盛るのに愛用しています。ホールのケーキはもちろん、クッキーや和菓子を盛ってもすてきです。

安福由美子

洗練されたモダンな黒。
とても気に入っている。

秋谷茂郎

わが家に合う色を探し求めて出会った、秋谷さんの青。印象的だけれど派手すぎない。わが家では秋谷ブルーと呼んでいる。

わが家に合う色と模様を探して

喫茶店で、華やかな色合いのお皿でケーキをいただくと、「かわいいなぁ」と思います。そんなカラフルなお皿にあこがれて、何度か器を買い求めて、使ってみたことがあります。器そのものはすてきなのに、実際に使ってみると、あぁ残念。やっぱりしっくりこない、わが家では浮いちゃうなぁ。

しっくりこない、浮く、そういう違和感を見過ごさない勇気は大切です。わが家にそぐわないモノはどんなモノ？ 自覚して同じ失敗を繰り返さないよう気をつけています。

ですから秋谷さんの青いお皿と出会ったときは、とてもうれしかった。あぁこの青なら大丈夫！ってね。実際わが家の雰囲気にぴたりと寄り添ってくれています。

絵皿もまた同じ。しっくりくるかわいい絵皿が欲しいなぁ。願い続けてようやく出会った器たち。だからこそ、とても愛しいのです。

野の花が描かれたカップ&ソーサー。スミレやアザミ、ドクダミや野菊などなどタイマグラに咲く可憐な花々が丁寧に描かれている。紅茶の香りが広がるよう口を広めにと特注した大のお気に入り。

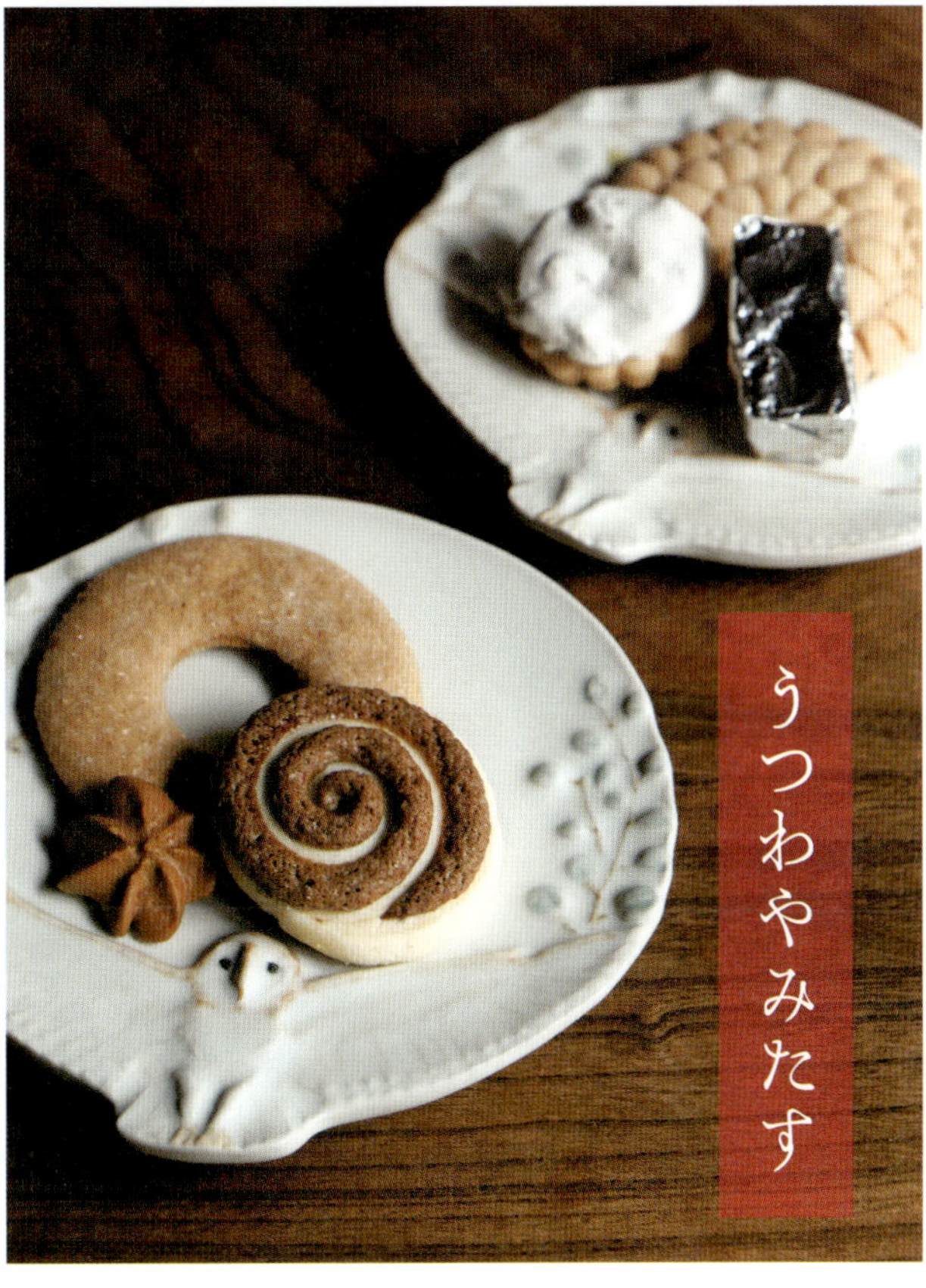

大きく羽を広げたフクロウが、ダイナミックに、そして繊細に描かれているお皿。作品が描き出す物語の世界を楽しみつつ、ワクワクと盛り付けている。

三温窯

三温窯の器のぽってりした感じが大好き。盛り付けもついつい楽しくなる。だし巻き卵に原木栽培したキクラゲの煮物、茹でスナップエンドウを添えて。

梅の花の形が愛らしい

豆皿のページでも触れましたが、丸いお皿だけでなく、さまざまな形の器があると、食卓が華やぎ、盛り付けも一層楽しくなります。シャープな六角形、おめでたい松の形、そして私が特に気に入っているのが、可憐な輪花皿です。幼いころは花柄が大好きで、洋服や文房具も花柄が多かったな。年を重ねてからは、もっぱら器で楽しんでいます。

梅の花を思わせる5枚の花弁の輪花皿。ぽってりとした厚さがかわいらしくてお気に入りです。おはぎや栗や渋皮煮、おひたしやごま豆腐。一見地味な料理も、輪花皿に盛るとかわいらしい一品に。

ティータイムにも活躍。かわいい花びらの形は、見ているだけで心安らぐ。

小鹿田焼《おんたやき》

小鹿田焼の里は、大分県日田市の山あいにある。器を手にするたびに窯元で目にした技や煙の香りまでも思い出される。

器を手にするたびに よみがえる旅の風景

その土地ならではのものに出会うのは、旅の醍醐味。おいしい食べもの。美しい風景。温かな人情。そして私たち夫婦に欠かせないのは、手仕事との出会いです。九州では、小鹿田焼の里を訪ねたことも忘れられません。

急峻な谷間に数軒の窯元。ズンと響くのは、水力を利用して土を砕く唐臼の音。登り窯からはかすかに煙の香りも。作業場では、陶工さんが蹴ろくろでさまざまな形を捻りだし、庭先では長い板に器がずらりと日向ぼこ。時計のゼンマイを利用して連続模様をつくる飛び鉋《かんな》の技にも、釉薬《ゆうやく》を含ませた刷毛で濃淡を描く技にも、目を見張りました。

旅で求めた器たちを手に取れば、フワリとあの風景がよみがえってきます。そんな思い出の残し方もいいものです。

シャンパングラスには、岩泉名物の水まんじゅうを入れ、砕いた氷を添えて。

星耕硝子

つくり手が見えるガラス器

炉で溶かしたガラスを、中空の竿の先にからめ取り、息を吹き込んで成形する吹きガラス。少し厚みがあり、光を受ければやわらかにゆらぎます。涼しげでありながら、温もりも感じる吹きガラス。季節を問わず大活躍です。

星耕硝子の作品は、端正な形と絶妙な色合いが魅力。誠実さと品のよさを感じさせる逸品です。

作者の伊藤嘉輝君はとても愉快な人柄で、いつもおもしろいことを言ってみんなを笑わせてくれます。そんな彼の作品が、こんなにも真面目で誠実であることがまた、なんともおもしろくすてきだなぁ！

つくり手の顔が見える喜びは、食材においてよく語られますが、道具においても全く同じです。

コロンとかわいいふたものにはお菓子を、佇まいが美しいボトルには果実酒を。食卓が温もりある雰囲気に。

持ち手の脚の部分が玉状になっているワイングラス。口当たりがやさしくて飲みやすいので、お酒以外でも愛用している。

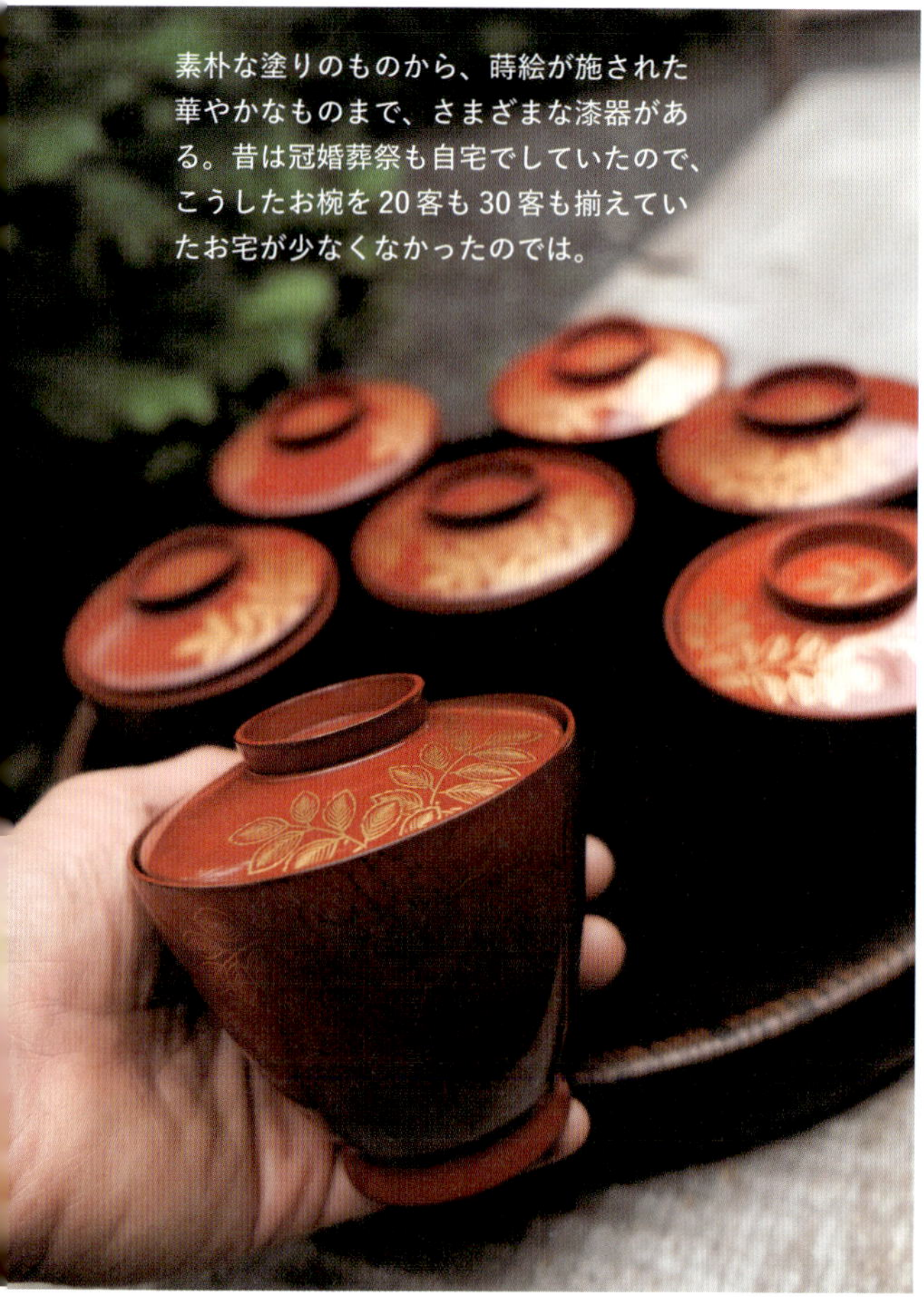

素朴な塗りのものから、蒔絵が施された華やかなものまで、さまざまな漆器がある。昔は冠婚葬祭も自宅でしていたので、こうしたお椀を20客も30客も揃えていたお宅が少なくなかったのでは。

漆器あれこれ

朱漆《しゅうるし》の華やかさと落ち着きに魅かれて

食器をしまっている三竿の箪笥には、ぎっしりと食器が詰まっています。扉を開けば、白、黒、藍色、土色、玉子色、などの食器が並んでいます。好みもあって、派手な色合いの器はごくわずかですが、そんな中、目を引く赤い器は漆器です。

漆の赤は、シックで落ち着きのある色なので、使いやすい。食卓の色味が寂しいときは、朱漆の器を一つ加えるととても華やかになります。

ふた付き椀は、お漬物や小さなお菓子を盛ることも。ふたがあるととても便利。骨董市で心惹かれるものに出会ったら、一客だけ求めて「ふたもの」として使うのもおすすめ。

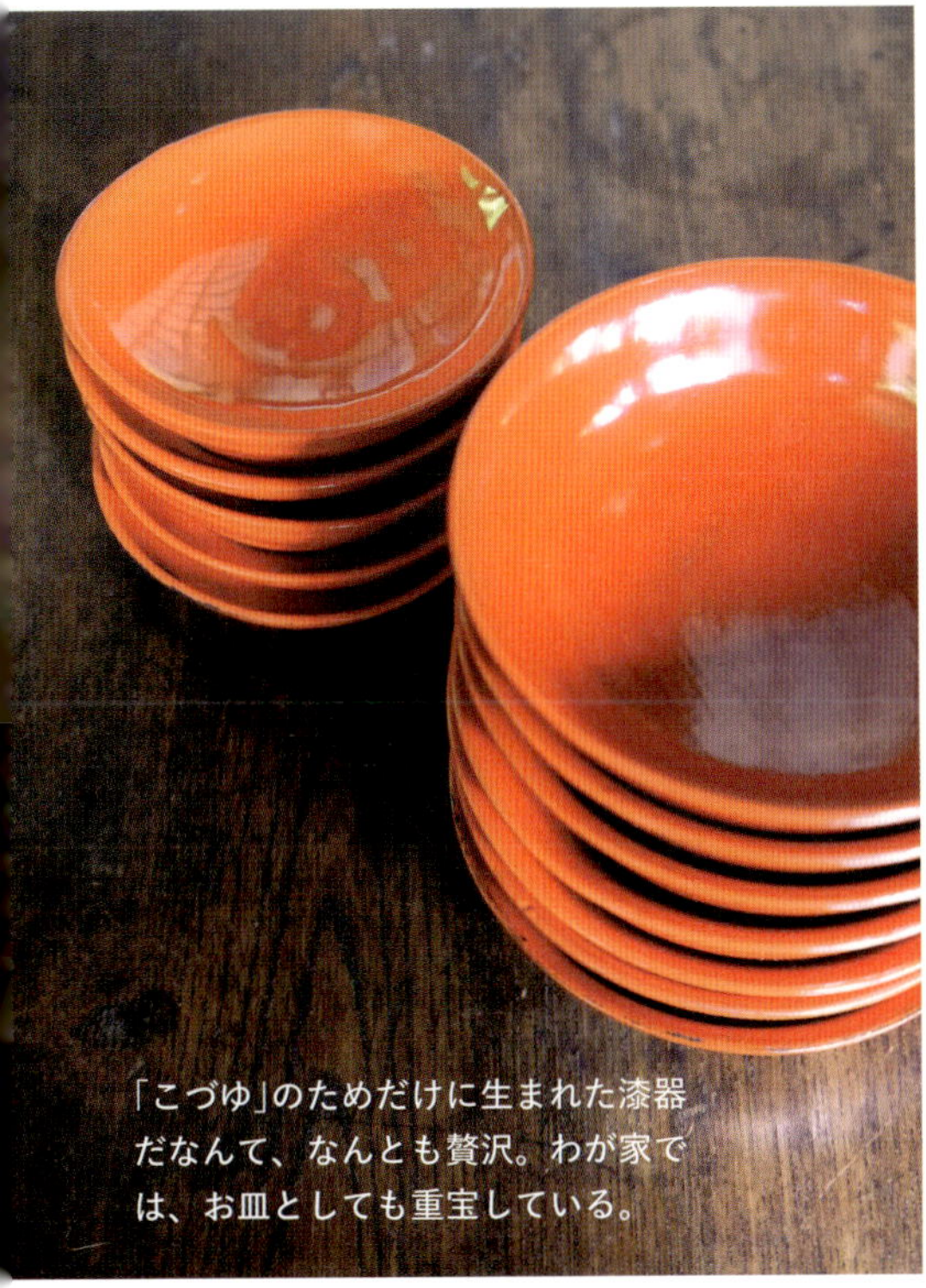
「こづゆ」のためだけに生まれた漆器だなんて、なんとも贅沢。わが家では、お皿としても重宝している。

漆器に料理やお菓子を盛り付けるときは、いつも以上に美しく盛り付けようと背筋が伸びる。

こづゆ椀の贅沢

会津地方の郷土食に「こづゆ」という一品があります。干し貝柱で出汁をとった具だくさんの汁ものです。ハレの日には欠かせないごちそうですが、「一人一杯、おかわりなし」というのが暗黙のルールだったそうです。

このこづゆを食べるための、こづゆ椀という漆器があります。お椀というよりは浅いお皿のような器です。会津では昔から漆芸が盛んでしたから、こんな独特の器が生まれたのでしょうね。その一品のためだけの漆器があるなんて、贅沢なことだなぁと思います。

喜多方市の古道具屋さんで、山積みにされたこづゆ椀を見つけ、状態のよいものを10枚買い求め小皿として愛用しています。ちょっと汁気のあるものを盛るのにもぴったり。和菓子などを盛ってもすてきです。

美しい漆器のお椀にお味噌汁。ホワホワと湯気。フワリとお味噌のいい香り。大切にしたい日本の原風景。

使い続ける愉しさ

タイマグラに移住して早々、浄法寺塗(岩手県二戸市)の夫婦椀を買い求めました。

ほぼ毎日使って15年ほど経ったとき、お味噌汁を盛ると、かすかにピチピチと音がすることに気がつき、二客とも塗り直しをお願いしました。

毎日使うことで自然と育っていた艶は、塗り直すことでマットな質感に戻りました。そしてまた毎日使い続けていたら、以前にも増した艶が現れてきたのです。

漆のお椀は高価ですが、毎日心地よく使えて、永く使えて、さらには育てる喜びが味わえる。あぁ、むしろなんとお得なのでしょう。ねっ、そう思いませんか?

ぜひ一度、お店や工房を訪ねてみてください。買い求めるときに、修理や塗り直しが可能か確認することも忘れずに!

水気をきったらすぐに布巾で拭くのがベストだが、実際は布巾の上に伏せておき、他の食器をしまうときに一緒に拭いてしまう。布巾の上に一晩置いておくことも日常茶飯事。

漆器の手入れ

漆器の手入れは簡単です。やわらかいスポンジで洗うこと。油分がついていなければ水洗いで充分。わが家のお味噌汁は、油揚げがマストなので、固形石けんを少しつけて洗います。気をつけていることは、次の3点。

- 長時間水につけっ放しにしない。
- 直射日光に当てない。
- 傷をつけない。

漆器同士は重ねてもよいけれど、他の素材の食器とは重ねないように。特に金属のカトラリーは絶対にNGです。

お椀のスキンケアをすると、お椀が美しくなるのはもちろん、不思議とリラックス効果も満点！

たまにお椀のスキンケアを。水気を拭き取ったら、ざっくり織られた和綿の布巾ですっぽり包み、両親指を縁にかけて持ち、キュッキュッと磨く。布巾に力は入れず、お椀を回転させつつ時間をかけて一つひとつ磨く。

定期的な器の全体数の把握は、私の場合は大いに役立っている。「本当に使える器」の感度は、この器替えを通じて上がっている。

Column

春夏秋冬、季節ごとに器を並べ替えることで、食器でも季節感が楽しめる。夏には涼しげなガラスや青磁の出番が多くなり、冬にはぽってりとした粉引きや焼締の出番が多くなる。

食器棚の管理
〜衣替えならぬ器替え〜

自他共に認める道具好き。欲望のままに今も増え続ける器をちゃんと活用するために、大掃除も兼ねた器の把握と整理、名付けて「器替え」を、季節ごとに行っています。

器替えの流れは次の通りです。まず、すべての器を食器棚から出し、出しながら大まかに分類。小皿、大皿、丼、というように種類で分類し、ガラス器や漆器は素材ごとに、または用途ごとに分類します。分類の基準は、自分で考えるのが一番。定期的に器替えをしていると、自分にとって使いやすい分類方法が、次第に定まってきます。

そしていよいよ真打ちの器を取り出しやすく並べます。位置を入れ替えるだけで、まんべんなく器が使え、食卓も新鮮になります。

器の多いわが家でも、作業は一日で完了。やり終えたときの気持ちよさや達成感といったら！　一度味わうと癖になりますよ。

3

人の手が生み出す
カゴと木の道具

土から生まれ、土に還る道具

こんなにもカゴが好きになったのは、岩手暮らしを始めてからです。タイマグラ暮らしにカゴは欠かせません。実用品としてせっせと使うことで、より一層、その魅力に心惹かれるようになりました。

畑で野菜を収穫するとき、愛用しているのは持ち手のついた竹カゴです。虫食いがあったり形もバラバラだったりするけれど、新鮮で安心でとってもおいしい自慢の野菜たち。ごく自然に、収穫には竹カゴを使うようになりました。

大事にしているお気に入りのカゴに、土のついた野菜をゴロゴロ。汚れたら亀の子タワシでゴシゴシジャブジャブ。使うことで育まれる枯れた美しさもまた愛おしく感じます。

骨董市で、びっくりするほど美しいカゴと出会うことがあります。漆でも塗ったのかと思うほど、こっくりとしたその色艶の正体は、使い込まれる中で染みついた手垢や煤《すす》や土。言ってしまえば汚れです。

初めて年代物の艶々のカゴと出会ったときは驚きました。そし

て大いに学んだのです。汚れたっていいんだ、だって道具だもの。カビたって仕方がない、だって天然素材だもの。しっかり使ってちゃんと手入れをすることが大切なんだ！って。

あるとき、わが家のカゴを見たカゴ好きさんに尋ねられました。「こんなふうに使って、カビたりしませんか？」。聞けば、汚さないようカビないよう、それはそれはカゴに気を遣っているとか。

ふーむ、そうですか。とうなずいて、私は明るくきっぱり答えました。「あぁ、どうか汚れるほどに使ってください」。そして「カビをそんなに恐れないで」と。

もちろん日々の手入れがとても大切です。汚れやカビを放っておいたら、すぐに傷んでしまいます。正しい手入れをしつつ、どんどん使い、そして定期的に買い換える。買うことは、職人さんの生活を支えることにつながり、ひいては技術の継承を支えます。土から生まれ土に還る道具を、消耗品として大切に使う文化。今の時代だからこそ、見直されたらうれしいなぁと考えています。

イタヤカゴ

カゴやザルの材料としてもっとも一般的なのはマダケですが、自生するマダケの北限は岩手県宮古市といわれています。それより北の地域ではマダケが手に入らないため、さまざまな素材でカゴやザルを編む技術が発展しました。不便だからこそ、引き出される智恵があり、育まれる文化がある。なんでも簡単に手に入る現代って本当に豊かなの？　この素朴なカゴからは、そんな疑問を投げかけられているようにも感じます。

北東北では、樹皮だけではなく、なんと硬い木材もカゴやザルの材料にします。木材を割り、年輪に沿って帯状に割き、幅や厚さを揃えてカゴやザルを編むのです。代表的なのはイタヤ細工です。

森を歩き、質のよい手ごろなイタヤカエデを探すところから作業はスタート。材料のよし悪しが、作業のしやすさや、仕上がりの美しさを大きく左右するので、念入りに探します。ようやく探し当てた材料を、割いて帯状に加工。素早く、しかし丁寧で単調な作業は延々と続き、ようやく編み作業に入るのです。

自然を見極める観察力。森をくまなく歩く体力。短調な作業を妥協せずやり続ける根気力。一つのカゴの誕生には、膨大な時間と労力、そして人間力が必要なのです。道具がどのようにしてつくられているかに心を寄せると、使う喜びも格段に大きくなります。

イタヤカゴは材料探しからかなりの労力がいる。一つのカゴがどのようにつくられているかを知ると、使う喜びも大きくなる。

カゴ誕生までの
膨大な時間と労力

日々の畑仕事で愛用している腰カゴもイタヤカエデでつくられたもの。使い込むと、えもいわれぬ美しい色艶に。

剥いだ樹皮を折り曲げてシナの木の紐で綴じた素朴なカゴ「カッコベ」。身近な材料を暮らしの中で利用する智恵と工夫が北東北の暮らしに息づいている。

カッコベ

北東北の智恵と工夫

移住して間もないころ、遠野に住む友人から「はい、お土産」と、りんごが山ほど盛られたカゴを手渡されました。真っ赤な紅玉のおいしそうなこと！　でもでもでも、私の心をギュッとつかんだのは、りんごが入ったそのカゴでした。ひと目惚れってあるんだなぁ。「カッコベ」というお茶目な名前にもときめきました。

幅広く剥いだ桜の樹皮を折り曲げ、シナ紐で綴じてあります。カゴといえば、竹細工のような、細い材料で編まれたものしか知らなかったので、なんて大胆なつくり方なのだろうと驚愕しました。

しかし、懐かしさも感じたのです。幼いころにつくった笹船や葉っぱのお皿と、構造がとても似ていたからです。幼子の遊びの中だけではなく、身近にある素材

友人から渡され、ひと目惚れしたカッコべ。今もりんごなど果物を入れて活躍中。

芽吹きから梅雨までの、木が水分を吸い上げる期間だけ、樹皮を剥ぐことができる。樹皮が剥げる状態になることを、地元の言葉で「おくるんでいる」というのもおもしろい。

手づくりのカッコべ。樹皮の種類がわかりやすいようひっくり返して撮影。上からクルミ、ケヤキ、桜。

をシンプルに利用する智恵は、北国の暮らしに今も息づいています。おにぎりを庭先の朴の葉に包み、お土産にと持たせてくれる。ここの清水はおいしいよと、蕗の葉の柄杓に汲んでくれる。となれば、木の皮でこんなカゴがつくられたことも、ごく自然なことに思えます。

ヨコタカゴ

わが家にやって来たSさんのヨコタカゴ。洗濯カゴとしても重宝している。

港町でつくられた竹カゴ

港町にある小さな古道具屋さんでは、時折思いがけない宝物が見つかります。その日も市場で魚を買った帰りに、ちょっと寄り道。山と積まれたホコリまみれの道具の中に、大きな竹カゴがポツンと埋もれていました。

色も艶もあせ、まるで砂浜に打ち寄せられた流木のような表情。店のご主人に「500円でいいよ」と言われ、自分でも驚くほどの大声で叫んでいました。「くださいっ!」。

昔、港で水揚げした魚や、畑で収穫した野菜を、この大きな竹カゴに入れて運んだそうです。「ヨコタカゴって呼んでたね。今のダンボール箱やコンテナみたいなものさ」。

この出会いがきっかけで、かつて

丈夫で大きなヨコタカゴは、買い出しのときのマイバスケットとして大活躍。二人で持ち手を片方ずつ持って歩いていると「すてきなカゴね」と声をかけられることもしばしば。

岩手県宮古市の古道具屋で出会った年季の入ったヨコタカゴ。プラスチック製の容器が出てきて、つくられなくなった。

ヨコタカゴをつくっていたSさんを訪ねることができました。Sさんは古ぼけたカゴを抱き、「よーく残ってたなぁ」と何度もつぶやきました。そして、しげしげと眺めながらポツリ。「このカゴ、もしかしたら俺がつくったものかもしれないなぁ」。40年前までは職人が数人いて、年間数千個もつくっていたそうです。

製作は数十年ぶりというSさんにお願いし、昔からつくられていた大小のサイズに加え、中サイズのカゴもつくっていただきました。

たっぷり入る包容力と、重たいものを入れてもビクともしない頑丈さ。それ以来、わが家の暮らしに欠かせない道具となっています。

マダケの塩カゴ

一見、何のためのカゴなのかわからないユニークな形の塩カゴ。鹿児島では今も現役で活躍中。道具と暮らしは密接な関係だからこそ、その土地に必要な工夫が施された道具が生まれる。

道具から見える暮らしの文化

竹は、日本のカゴの素材として、もっとも一般的です。竹にも種類がありますが、細工に使われるのは主にマダケ。北海道と北東北をのぞく国内に広く分布し、生育も旺盛で手に入りやすい。また節間が広く、折れにくいなどの特性もあり、素材として多く用いられるようになりました。

わが家で大切に使っている持ち手がついた円錐形のカゴも、マダケでつくられています。九州の旅で出会った道具で、塩カゴという名の通り、塩を入れるためのカゴでした。昔、山間部では塩をこまめに買うことが難しかったため、木桶でまとめて購入。小分けにしてこのカゴに入れ、吊るしていたそうです。当時の塩は水分を多く含んでいたため、尖った先端から水分がポタリポタリ。滴るニガリは壺に受け、豆腐をつくる際に使ったとのこと。鹿児島の塩田を訪ねると、大きな塩カゴがずらりと吊るされ、製塩の道具として現役で活躍していました。

一つの道具から、郷土色豊かな暮らしの文化が垣間見えて、興味は尽きません。

ユニークな形の塩カゴ。わが家では茶漉しなどのお茶道具を入れてマグカップと一緒にカウンターに吊るして使っている。暮らしの中でどう活かすか、それを考えるのもまた楽しい。

マタタビの米とぎザル

できたばかりの白く美しいマタタビのザル。目の詰まったものを米とぎザルに使っている。

やわらかさと美しさの秘密

わが家で愛用中のマタタビ製の米とぎザル。つくり手さんに会おうと奥会津を訪ねたのは3月のことです。陽射しに春を感じるものの、想像以上の雪で道に迷ってしまいました。

どこからか水音がして誘われるように歩いていくと、大きな雪のカマクラがありました。のぞくと、清水が流れ込む四角い舟に、真っ白なマタタビのツルが沈められています。あまりの美しさに見とれていると、声をかけられました。

うっかり庭に入り込んでしまったことを詫びる私に、「おいしい水だから飲んでごらん」と柄杓を手渡してくださったおじいちゃん。「冬の楽しみで、自家用のザルをつくっているんだよ」。

マタタビ製の米とぎザルはとてもしなやか。米をとぐ手の当たりもやわらかく、使い心地がとてもいい。水切れのよさも魅力。

マタタビ細工の材料になるマタタビのツル。

キラキラ光る雪と清水、そしてマタタビのツルとおじいちゃんのやさしい笑顔。この小さな出会いは、忘れがたいものになっています。

おじいちゃんに教えられた通りに進むと、雪山の影から目指すお宅が現れました。軒下に、マタタビのザルが吊るされています。それは、この旅で見たいと思っていた「手仕事の風景」の一つ。マタタビ細工は主に冬につくられますが、つくったザルは幾日も冬の陽射しと寒風にさらすのです。そうすることで、より白く、より丈夫になるとのこと。マタタビ細工のやわらかさの秘密はつくり手のやさしさにあり、美しさの秘密は厳しい冬にある。残雪の奥会津で感じることができました。

合わせの技法

竹細工には表と裏があり、表皮の面を表、肉の面を裏と呼び、表の方が美しく丈夫。一戸町鳥越地区に伝わる鳥越竹細工には、合わせと呼ばれる技法がある。カゴの両面に表がくるよう、微妙に大きさが違うものを２枚編み、ぴたりと合わせてから縁をかがって仕上げる。外側も内側もつやつやの表になり、それはそれは美しい仕上がり。

すず竹細工

しなやかで丈夫で形も豊富

古くからの竹細工の産地、岩手県一戸町を初めて訪ねたのは29年前の春のこと。偶然知り合った竹細工の仲買人さんが、私たちを無類のカゴ好き夫婦と知り、なんと倉庫へ案内してくださったのです。細い梯子を降り、パチッと電灯がついた時は仰天しました。天井までびっしり吊るされたカゴカゴカゴ！　倉庫を埋め尽くすように、竹細工が保管されていたのです。

近在のつくり手さん（多くは農家のおじいちゃんやおばあちゃん）が冬の間につくりためた竹細工を仕入れたばかり。「今が一番在庫が豊富。好きなものを選んでいいですよ」。そのお言葉に甘えて、じっくり選ばせていただきました。今でも時折夫婦で思い出しては、「これまでで一番興奮した買い物体験だったね」と話しています。

すず竹細工の一番の魅力は、そのしなやかさにあります。竹といっても、実は笹の仲間。直径1cmにも満たない細さです。その竹をさらに細く

すず竹細工のカゴやザル。バリエーション豊富なところも魅力。北国では雪に閉ざされる農閑期に、副業としてさまざまな手仕事が発展してきた。

割って、剥《へ》いで、薄くしなやかなヒゴにして編むので、弾力性があります。やさしい表情ですが、丈夫さも兼ね備えた優れた素材なのです！ いろいろな形、大きさのカゴがつくられているのも魅力。「私の暮らしに合った、私らしい使い方」ができるカゴを見つけられるのもうれしい点です。

大切に使って手入れし、さらに美しさに磨きをかけて、次の世代に引き継いでいきたい。

年季の入ったすず竹の文庫カゴ。あめ色に輝き、なんとも美しい。中には百年近く経ったものもあり、すず竹の丈夫さを物語る。

フリカゴ

「フリカゴ」という名の取っ手付きのカゴ。昔は油粕などの肥料を田畑にまくときに使ったそうです。ユニークな取っ手は、作業のしやすさを考えてのこと。多くのカゴは編みながら立体にしますが、このフリカゴは、細く割いた竹を縦糸に、桜皮《おうひ》と藤の繊維と竹を横糸にし、織物のように織ってから立体にします。キッチリと密に織るため、粉状の油粕もこぼれない。理にかなった構造です。

フリカゴをつくる作業場には愉快な音が響きます。バッサバッサと竹をさばく音、トントンとナギナタで打ち込む音、時折製作されているご夫婦の笑い声も。昔から織るのは女性、立体に仕上げるのは男性と、夫婦分業でつくられてきたのです。「村の鍛冶屋」という童謡がありますが、作業場に響く音はそのまま楽しげな歌のようでした。

娘が幼いころ、フリカゴを一つ渡しました。おもちゃが散らかる前にカゴに入れることを習慣にして、あふれそうになったら片付けのタイミングね、と約束。この片付け法がうまくいって、互いにイライラすることが減ったのです。

子どものころからカゴ使いになじんでいる娘。成長した今、彼女の部屋でもさまざまにカゴが使われています。

特注した大きいサイズと通常サイズの小さいフリカゴ。娘のカゴ使いがうまくなったのは、このフリカゴのおかげ。

すず竹・桜皮・藤の繊維で織るユニークなカゴ

現代では、フリカゴは本来の使い方ではなく、小物入れとして使われている。わが家で特注した特大サイズは、手芸の道具を入れたり、買い物の際のマイバスケットとしても活躍している。

根曲がり竹のりんごカゴ

六つ目編み（編み目の穴が六角形になる）、ワンハンドルのりんごカゴは野菜の収穫カゴとしても活躍。大きな根菜をゴロゴロ入れても、ヘッチャラ。

りんご産地で磨かれた屈強さ

岩木山麓のりんご畑に囲まれた一画に、竹細工の郷があります。秋の収穫を控えた時期、作業場を訪れると、倉庫にはりんごカゴ（現地ではテカゴという）がうず高く積まれていて壮観です。

りんご農家が収穫に使うカゴには、縁や取っ手の一部分に補強のためのビニールテープが巻かれていて、それがむしろリアルに実用性を感じさせます。倉庫に積まれたカゴからは、素朴ながらもたくましい、道具本来の姿が伝わってきました。

材料の根曲がり竹は、頑強な素材。豪雪地帯でも広く分布しているのは、重たい雪に押しつぶされても折れない、屈強さとしなやかさを合わせもっているからです。編まれたカゴも当然のことながらとても丈夫です。

りんご農家の苦労を知っているからこそ、りんごをどっさり入れて持ち運んでもびくともしないよう、職人は気合いを入れて、カゴを編む。りんごの産地で育まれる関係性の中で、磨かれてきたカゴ編みの技術。これからも末永く続くようにと、心から願います。

重たい薪をどっさり入れて持ち運んでも大丈夫。揺るぎない信頼感で、わが家でもバリバリとハードワークをこなしてくれている。

台座付きのカゴは、食器カゴとして愛用中。食器を入れて持ち運んでもビクともしないので、器を日向ぼこさせるときも安心です。

使ったあと玄関先に立てかけて、箕の造形の美しさについついうっとり。

ハーブを摘んだり、焼き立てのベーグルをのせたり、ザルや器のような役割も。

箕《み》

古い民具を使う喜び

時代と共に道具は変化していきます。今では使われなくなった民具や農具。そうした廃れゆく道具の中から現代でも活躍する優れた品を発掘するのは、宝探しのようで楽しいものです。

箕は、収穫した穀類からゴミを取り除く道具で、かつては農作業に欠かせないものでした。地域によって、材料や形、大きさも異なり、とても興味深いです。夫は、文化財としての箕に興味を持ち、各地の箕を収集し（その数２００枚以上！）、研究しています。

収集するだけではなく、家庭菜園で収穫したエゴマや菜種など、粒々した細かいものからゴミを取り除く際に使っています。箕なしではお手上げの作業。わが家ではなくてはならない農具の一つです。また、木の実などを干

エゴマの収穫には欠かせない道具。箕に魅了され、全国各地の箕を収集中の夫。箕でしかできない作業も多く、そのポテンシャルの高さにますますとりこに。

天気のいい日、箕を何枚も並べて木の実を一気に干す。箕も太陽の光を浴びて生き生きと輝いているよう。

すときにもとても重宝です。

眺めるだけでも美しいものですが、道具なのだからやっぱり使いたい！　使うことで本来の美しさが発揮されると信じているから……。太陽の光を浴びて農具として活躍している様子は、とても堂々としています。

Column

カゴの手入れ

そもそも、日用品としてつくられたカゴのほとんどは、水に濡れることを前提に製作されています（樹皮を用いたカゴをのぞいて）。濡らしてもしっかり乾かせば、長く使い続けることができます。

毎日使う食器カゴが傷んでくるのは6～7年たってから。すぐには捨てずに、資源ゴミの缶を干したり、土つきのじゃがいもを保管したりして使い続けます。そしていよいよとなったら、ウッドボイラーで燃やして燃料にしています。

❶ホコリを払い、汚れは水洗い

使ったら汚れを取り除く。専用の小さなほうきを用意して、編み目に詰まったホコリを払う。汚れがこびりついて取れない場合は、しっかりと水洗いする。油汚れは、布巾用の石けんをタワシにつけ、編み目に沿ってこする。軽くなら力を入れても大丈夫。

❷しっかり乾かし、カビ予防

洗ったら、斜めに立てかけ水気をきる。縁の部分は水分が残りやすいので、乾いた布巾で水分を拭き取ると、早く乾燥する。

日光に当ててしっかり乾かすとよいが、必要以上に当てると劣化につながるので、乾いたら速やかに室内に取り込む。

※わが家は薪ストーブなので、煙突ネットにフックをかけ、カゴを干す定位置にしている。

❸ときどき保湿を

天然素材なので、時折保湿を。酸化しにくい食用油をごく薄くウェスにつけ、カゴをいい子いい子するように撫でる。油が残るとべたつきの原因になるので、しっかりと拭き取ることが大切。保湿することで乾燥による割れも防げ、色艶もよくなる。

●うっかりカビてしまったら

タワシでゴシゴシこすってしっかり水洗いし、熱湯消毒してから日光浴を。シミは残るが気にせず使う。

木の道具

木べら

育てる愉しさ

木の道具の一番の魅力は
そのやさしい温もりです。
木は、形を変えてもなお、
生き続けている——。
手に伝わる温もりから、
木の生命力を感じます。

鍋の形や調理する食材、そしてどの木べらを使うかで料理の味が決まってくる。

漆芸用の道具で、漆芸家の友人に「調理用にもうってつけだよ」と贈られて以来、ヘビーユーズしていた木べらがありました。しかし、とうとう折れてしまったのです。予備にもらっておいたものをさっそく、使い始めました。

ところがどこか違うのです。焦げてすり減って、折れてしまったあのへらの方が、明らかに手にしっくりとなじんでいた。使いやすさは、道具と使い手の二人三脚で育てるものなんだなぁ。

さぁ、真新しいこの一本も、使って使って使い込んで育てていきましょう！

木のレンゲ。かわいらしくて使いやすいお気に入りの道具。長く使って縁の部分がささくれ立ってきたら、小刀で用心深く削り、なめらかにして丁寧にオイルで磨く。

木のスプーン

出会う愉しさ

木のスプーンというと、真っ先に思い出す絵があります。子どものころ大好きだった松谷みよ子さんの「モモちゃんシリーズ」。その中に登場するくまさんの絵で、その手には木のお匙がにぎられ、薪を燃やしてお粥を煮ているのです。

大人になり、ふと懐かしくなってパラパラとモモちゃんの本をめくり、絵を探しました。そしてとてもびっくりしたのです。お匙を持っているくまさんの絵はとても小さな一枚だったから。

幼いころの私は、なぜあんなにこの絵が好きだったのかな。くまさんの木のお匙が、なんであんなにすてきに見えたのかな。ちょっと楽しくなって、あのころの自分にこう話しかけました。

「今もね、私、木のお匙が大好きなんだよ」

好きになるきっかけって、案外思いがけないことかもしれません。人との出会いと同じように、道具との出会いのエピソードも、大切に記憶に残したいと思っています。

木のスプーンはケア次第で色艶が復活するので必要な手入れを怠らずに。

木のスプーンの手入れ

スプーンのスキンケアをしている気持ちで心を込めてスリスリとオイルをなじませる。

〈普段気をつけること〉

よく乾かしたら、引き出しに仕舞い込まずにスプーン立てに差すとよい。干すときは半日影に。漆仕上げのものは日向ぼこはNG。

〈ときどき必要な手入れ〉

◉オイルフィニッシュのスプーン

❶使っていくうちにどうしても油気が抜けていくので、ときどきオイルをなじませる。酸化しにくく香りも少ないアマニ油がおすすめ。きれいに洗い、しっかりと乾かしたら、指先に少量の油を付けて、木に擦り込むようになじませる。

❷オイルがなじんだらやわらかなはぎれで余分な油分をしっかり拭き取る。この拭き取り作業が不充分だと、悪臭やべたつきの原因になるので、しっかりと拭き取ること。

※ささくれ立ってきたときは、400番のサンドペーパーで軽くこする。削った後は特に念入りに油をなじませる。削りすぎには注意！

夫が手づくりした木の器たち。木の道具は使い込むほどに色が変化し、より艶やかになるのが楽しい。

木皿

使い込むほど美しく変化する

自然と木の器に手が伸びるときがあります。スコーンには、素朴な印象の木のお皿がぴったりですし、海苔巻きには丁寧に鉋《かんな》がけした、艶々の木の折敷がぴったり。

わが家で愛用している木皿や折敷は、ほとんどが夫の手づくりです。塗装はせず白木仕上げなので、使い始めは特に念入りに蜜ろうワックスをすり込みます。その後は使うたびに水洗いしてよく乾かし、時折蜜ろうワックスをなじませ、しっかりと乾拭きをします。そうして20年以

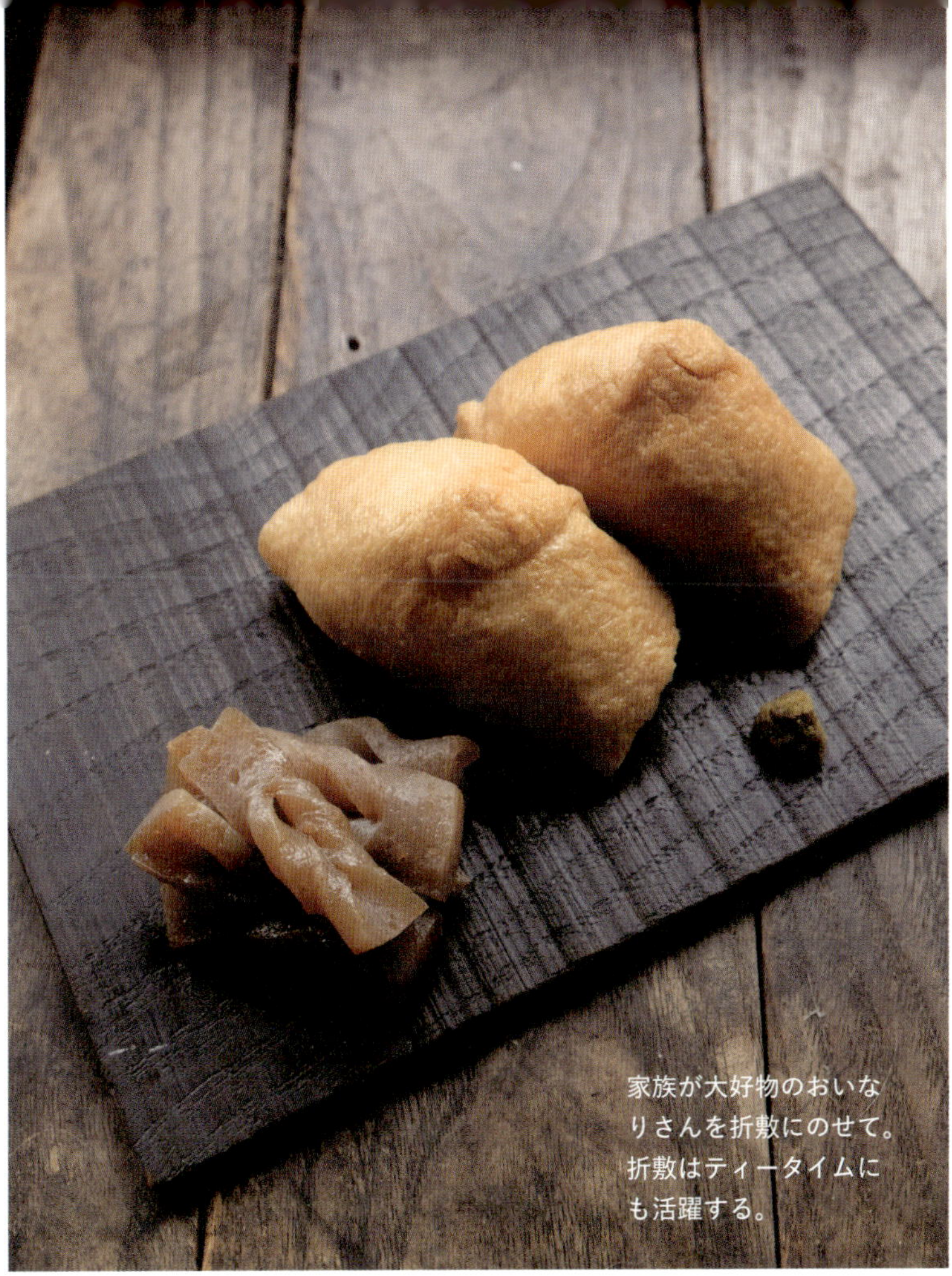

家族が大好物のおいなりさんを折敷にのせて。折敷はティータイムにも活躍する。

上使ったものは、びっくりするほどの色艶に！　使い込むことで美しく変化するのは、木の道具の魅力です。

樹種ごとの、材としての個性を活かした小さな折敷は、特に好んでつくってくれます。

使うことで、色味や木目といった見た目の特徴だけではなく、水に強いことやなめらかな手触りなど、材の性質も知ることができ、木への理解が深まるのも気に入っています。

木の折敷は今では20種類ほどの樹種に。これからも増やして、樹木図鑑のようになったら楽しいね！　と話している。

お客さまの前でカットするのもとても楽しい。

まな板

手に伝わる木の感触

カッティングボード

お菓子づくりが大好き。つくったお菓子を召し上がっていただくことはもっと大好きです。カッティングボードにケーキをのせテーブルへ。お客さまの目の前でカットしてお皿に取り分けます。もてなす側にとっても、もてなされる側にとっても、ちょっと楽しい演出です。

まな板とお皿、その両方の役割を担うカッティングボードは、大好きなアイテムの一つ。パウンド型のケーキにぴったりの細長いもの。ラウンドケーキにぴったりの正方形のもの。よくつくるケーキの形と大きさに合わせてあれこれ取り揃えています。持ち手がついていて、造形も美しいもの、美しい彫り物が施されたアンティークのものも宝物です。宝物といっても臆せずどんどん使います。刻まれる包丁の跡がまた美しさにつながりますから。

手づくりのまな板は木目が1枚とて同じものはないのがおもしろい。

おすすめは小さなまな板。使ってみるとその便利さに、きっと驚くはず。

調理用まな板

夫は木工を生業としていて、材料も道具も技も持っているので、わが家の調理用のまな板は、すべて夫がつくったものです。

厚みがあって重いまな板は、安定感があるので魚をさばくときに。幅が広く大きなまな板は、パン生地の整形などに重宝します。小さくて持ち手のついたものは、少量のネギをトントンと刻み、まな板ごとお鍋の上へ。包丁でさっとネギを落とせるのは、小さくて軽いからこそです。

そこそこの大きさのまな板が一枚あれば、こと足りるかもしれません。でもやっぱり、いろんな大きさのまな板が、私には必要です。そして木であることも大事。以前、ケータリングの仕事で合成樹脂のまな板を使いましたが、包丁へのあたりが硬く、腕がとても疲れました。やっぱりまな板は木が一番だなぁ〜。

まな板の手入れ

- 長く使って黒ずんだら、鉋で削り直してもらうと驚くほどきれいになる。
- 木口（年輪が見える面）から水分を吸いやすいので立てかけるときは、木口が下にこないよう注意。日光に当てるのは、殺菌効果もあるのでおすすめだが、片側だけを長時間当てると反ってくるので、ときどきひっくり返して日向ぼこを。

使いこなすのが難しいからこそ、挑戦してみると気づくこと、学ぶこと、得られる喜びもたくさんある。

桶

挑戦する愉しさ

たくさんの桶を使っているわが家。5月下旬ごろの空気が乾燥している時期には、チャリンとタガの落ちる音が聞こえます。「あぁ、空気が乾燥しているんだなぁ」と。わが家ではごく当たり前の暮らしの音です。

桶は、特に扱いが難しい道具。空気が乾燥していると木が縮むので、タガが落ちます。湿度によって驚くほど伸縮する木の性質を知っていれば、それはごく当たり前の症状ですし、そうして水分調節をするからこそ、中に入れたご飯がおいしくなるのです。

日本人は古より、木材の特性を活かし、多種多様な用途に利用してきました。その文化が、今ものすごいスピードで失われつつあることに危機感を覚えます。長い歴史の中で育まれてきた木の文化は、日常の営みを通して学ぶこともできる。桶を使うことはその一助になるのではないかしら? そうであってほしいと願います。

味噌も桶で仕込む。わが家の味噌は最低二夏過ごしてから口開け。
左から二年味噌、三年味噌、右は５年以上経った味噌で、八丁味噌のような味わい。

寿司桶の酢飯、おひつの冷やご飯

おひつや寿司桶に入れたご飯がおいしいのは、木が余分な水分を吸うから。寿司桶の場合は、蒸気を一気に飛ばすことで、ご飯が寿司酢をしっかり吸う手助けをします。寿司酢を加えた後も、素早く冷ませて、粘りのないおいしい酢飯になりますよ！
朝炊いたご飯をおひつに入れて、お昼に冷やご飯として食べるのもおすすめ。木が一旦吸った水分が､今度は保湿の役割を果たすのです。木の道具ならではの効果ですね。

※桶は扱い方法やメンテナンスなどサポートが必要な道具なので、つくり手から直接購入することをおすすめします。

巻き簀《す》

唯一無二の愉しさ

なくてならない道具は？　と問われたら、ベスト10に入れたい巻き簀です。ユニークな日本独特の道具ではないかしら？　巻き寿司はつくるのも食べるのも大好き。となれば、やっぱり巻き簀は必須です。

節分に海苔巻きを食べる習慣が全国に広まった昨今ですが、巻き簀を使ったことがない、いや知らない若者だって少なくないのでは？　あぁ、とってもとっても残念です。海苔巻きはいくつかコツを覚えれば、簡単に美しく巻けます。しかも永遠に巻いていたい、と思うほど愉しい！

巻く具材のバリエーションは無限(笑)。それにちょっとごちそう感もあります。ぜひ巻き簀を手に入れて、海苔巻き上手になってほしいです。

いつもの具材で

わが家の海苔巻き

海苔巻きは、それだけでごちそうに。定番の具材の他、しめ鯖ときゅうりの組み合わせもよくつくる。魚市場で地物の穴子が手に入ったら、ふっくら甘辛く煮て穴子巻きに。

〈下準備〉

1　固めに炊いたご飯で酢飯をつくる。海苔１枚につき酢飯は大きめの茶碗１杯ほど。
※わが家は自家製の甘酢梅の梅酢を使用。

2　好みの具材を、巻きやすいように切る。具材の定番は、きゅうり、卵焼き、干し椎茸の煮物。水分のある干し椎茸の煮物は、スライスしてから汁気を絞る。卵焼きやきゅうりは、海苔の幅に合わせて棒状に切る。全ての具材をバットに並べておく。
※きゅうりやアスパラなど、長くて硬さのある具材は、巻くときの芯になるので必須！

〈巻き簀で巻く〉

1　巻き簀に海苔を置き、上3㎝ほどを空けて酢飯を薄く伸ばす。この際、手前と奥に山をつくる（**a**）。

2　手前の山に沿うように具材を並べる。椎茸の煮物、卵焼き、最後に芯になるきゅうりの順。

3　きゅうりに指先を添えながら、あわてずゆっくりと巻く（**b**）。手前の山と奥の山がくっつくように意識して巻くときれいに巻ける。

4　キュッキュッと巻き簀をしめて形を整え（**c**）、両端にはみ出た酢飯も押し込むようにして整える。

5　一旦、海苔巻きをバットに移し、もう1枚海苔を巻き簀に置く（**d**）。上に海苔巻きを置いてゆっくりと巻き、もう一度巻き簀で形を整える。
※海苔を二重にすると海苔の風味がたっぷり味わえて、食感も楽しい。

6　海苔の合わせ目が下にくるようにバットに移し、2～3時間置くと落ち着いておいしくなり、切りやすくもなる。切るときは、半分、半分、半分と切る。そのつど、濡れ布巾で包丁を拭きながら切るときれいに切れる。

おせちの定番

鬼巻き簀でつくる伊達巻

鬼巻き簀は、太めの竹を1本ずつ三角に削った巻き簀のこと。美しい伊達巻がつくれます。

●材料（24cm×28cm の天板1枚分）
卵…大5個
はんぺん…180g（大2枚）
A
砂糖…大さじ3
はちみつ…大さじ1（好みで調整）
みりん…大さじ2
料理酒…大さじ1
だし醤油…小さじ1

〈伊達巻を焼く〉

1　Aは全て合わせ、よく混ぜておく。
2　フードプロセッサーに1を入れ、はんぺんを少しずつ加え、クリーム状の生地にする。回りにくい場合は、卵1個を先に加える。
3　残りの卵を加え30秒ほど撹拌する。フードプロセッサーの隅に生地が残りやすいので、途中で1度ゴムベラで混ぜるとよい。
4　オーブンシートを敷いた天板に、3をザルでこしながら流し入れ、表面をならし、2～3回台に打ちつけて空気を抜く。
5　180℃のオーブンで20～25分焼く。表面がこんがりきつね色になるように、最後の数分は230℃に温度を上げる。焦げやすいので様子を見ながら時間を調整する。

〈鬼巻き簀で巻く〉

1　焼いている間に、鬼巻き簀の表面に料理酒を塗り、軽く湿らせておく。
2　焼き上がった生地を、焼き目を下にして鬼巻き簀の上にのせ、巻き終わり部分を斜めに切り取る。巻き始め部分に、幅1cmで5本ほど浅く切り目を入れると巻きやすい。
3　生地が冷める前に手前からゆっくりときつく巻く。
4　きっちりと巻いたら上から輪ゴムで3カ所ほど留め、巻き簀ごと濡れ布巾で包んでビニール袋に入れ、立てた状態で冷蔵庫へ。冷めたら巻き簀を外して、食べやすく切る。

巻き簀の手入れ

亀の子タワシで洗い、しっかりと乾かす。わが家では冷蔵庫にクリップの付いたマグネットを付け、クリップにかけて保管。

4

自分で手を動かす愉しみ

カゴを編む

無骨さに愛着を感じて

自他共に認める無類のカゴ好き。好きが高じて、今では自分でもさまざまな素材のカゴ編みを楽しんでいます。素人仕事なので、でき栄えはそれなり。でも普段遣いに支障はなく、手づくりマジックか、仕上がりの無骨さにも愛着を感じます。

タイマグラには、カゴの材料が豊富にあります。中でもカエデの仲間はお気に入りの素材です。手首の太さほどのまっすぐなカエデを切って、8等分に割り、年輪に沿って木材をテープ状に割きます。技術と忍耐が必要ですが、特に年輪に沿って割く作業は小気味よくて夢中になります。

完成したカゴはとても丈夫。使い込むほどに色艶が増すのも魅力です。カエデカゴの材料で最も一般的なのはイタヤカエデ。でも、ウリハダカエデやミツバカエデ、ヒトツバカエデなどを試したら、どれもきれいに割けることがわかり、ならばタイマグラに自生しているカエデで、毎年1種類ずつカゴを編もう！　と思いつきました。まだ3種類ですが、一つずつ増やしていきたいなぁと思っています。

実際につくることで、本職の方が編んだカゴの素晴らしさにあらためて気づくことができ、簡単な修理ならできるようになるのも利点です。

すず竹で小さなカゴバッグを編んでいるところ。

年輪に沿ってテープ状に割く。これがカゴの素材になる。

イタヤカエデの木を割ったところ。

左上から時計回りにウリハダカエデ、ミツバカエデ、イタヤカエデ。

あじろ編みで、カゴを編む。白い木目が美しい。

カゴ好きが高じて、少しずつつくりためたカゴたち。
さまざまな素材、さまざまな編み方で楽しんでいる。

樹皮の採取(クルミ)。皮は丁寧に処理して保存し、白くまっすぐな芯は太いものは折敷に、細いものは手づくりほうきの柄に。

クルミ、ケヤキ、アケビにヤマブドウ。さまざまな木の樹皮やつるでカゴやザルを編んでいます。素材によって採取に適した時期は異なります。クルミなら新緑から梅雨明けまでの2ヵ月間。ヤマブドウに至ってはわずか2週間ほどです。素材ごとにタイミングを見きわめて採取します。そうして集めた材料は宝物。皮も芯も無駄なく大切に使いきります。

クラフトバンドで体験！
コースターを編んでみよう

樹皮の代わりに紙製クラフトバンドを使って、カゴ編み体験してみませんか。樹皮が手に入るなら、もちろん樹皮で編んでみてください。


【用意するもの】

クラフトバンド（12本幅・手芸店などで）／ハサミ／PPバンド（4～5cm・荷造り用テープ。細い針金などでも）／巻き尺／霧吹き

【クラフトバンドについて】

細い紙のこよりを接着した手芸用のテープ。多様な色がある。用途に合わせて割いて幅を変えられる。ひもを継ぐときは端を1cm重ね、木工用ボンドで接着。

クラフトバンドは使う長さに切り、端に切り込みを入れる。

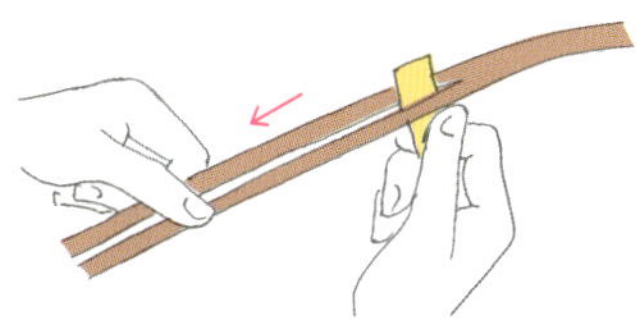

PPバンドを差し込み、バンドを引く。

コースター（手前）の編み目を増やして大きくつくると鍋敷きに。黒い鍋の下は、クルミの樹皮で編んだもの。

2 A色の向かって右側を後ろに折り、B色の輪に通す。続けてB色をはさんで折り返し、輪に通して右側に出す。

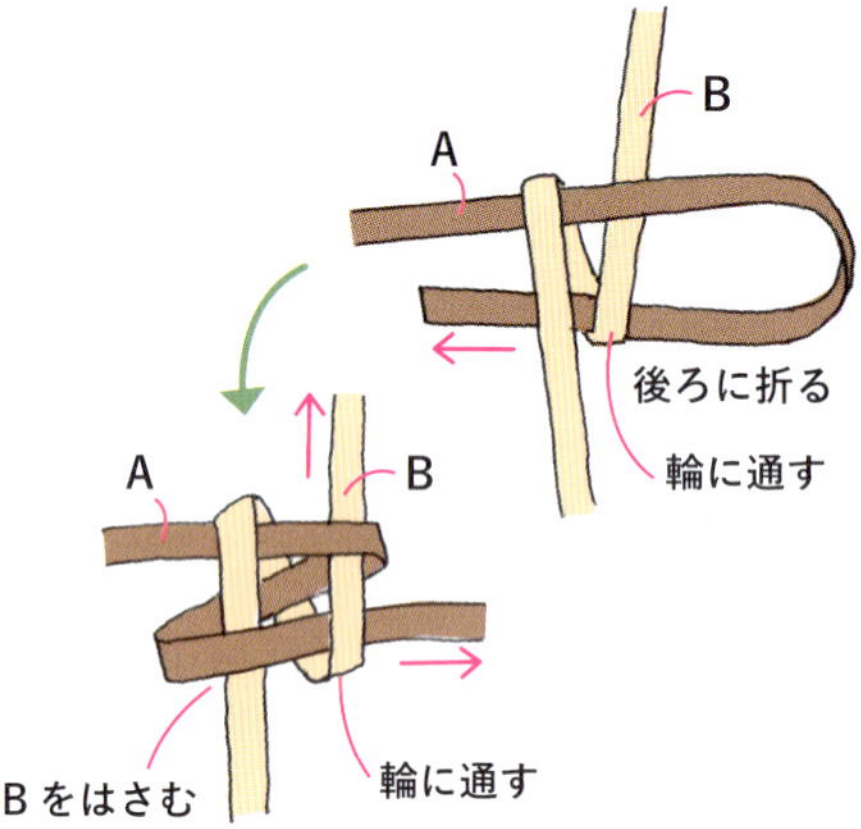

3 B色の上側とA色の右側を引いて、形を整える（この四角が1目）。

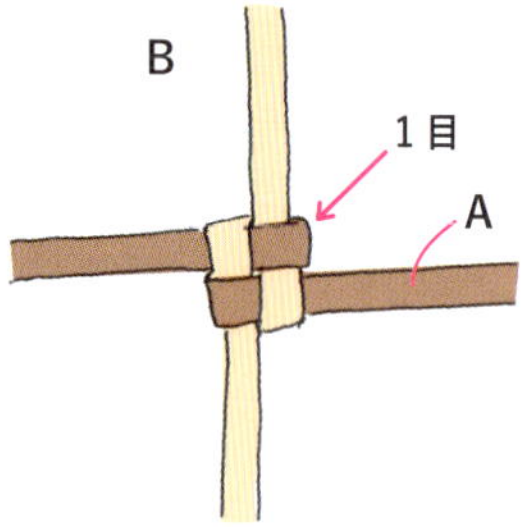

4 1目の右側に2本めのB色をかけ、**1**と同様に折る（1目めと同様に2目めを編む）。

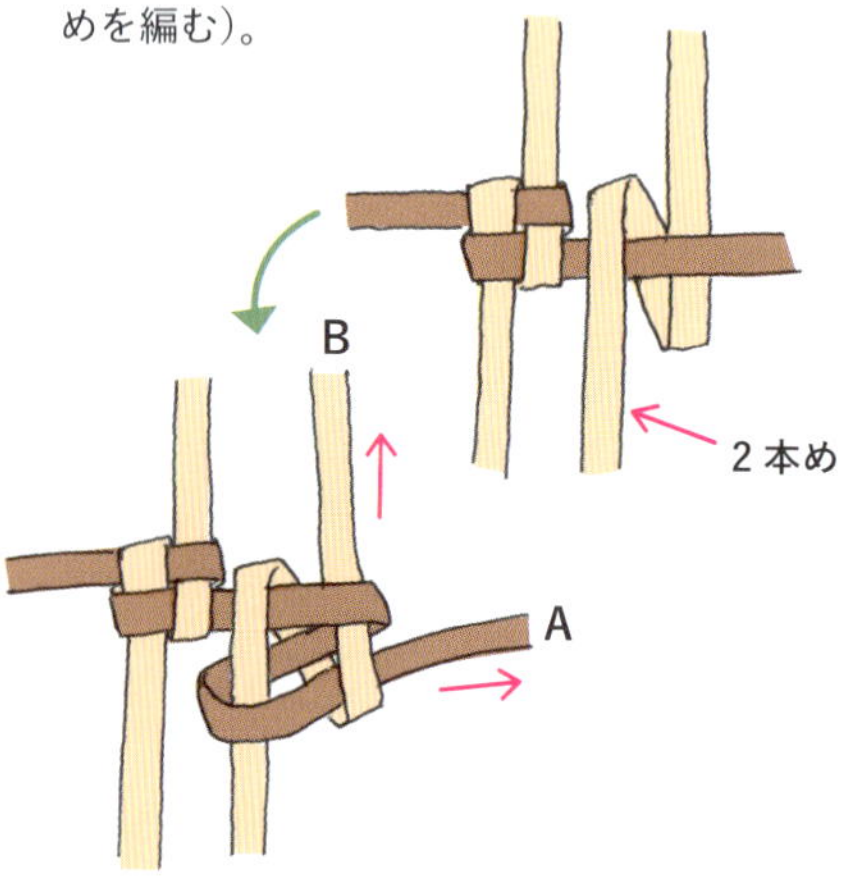

石畳み編みのコースター

ひもの組み合わせで、
石畳み模様ができます。
初めての方は、2色のバンドを
使うとわかりやすいでしょう。

◎完成サイズ：10 × 10cm
使用するクラフトバンド（6本幅にしたもの）45cm × 10本（A色B色、各5本）

【編み方図】

21	11	4	10	20
22	12	2	9	19
23	13	1	8	18
24	14	3	7	17
25	15	5	6	16

【つくり方】

1 クラフトバンドA色1本とB色5本を軽く半分に折り、中心に薄く印を付ける。A色を伸ばし、B色1本を中心にかけて、奥側のひもを手前に折り、A色の後ろ側におく。

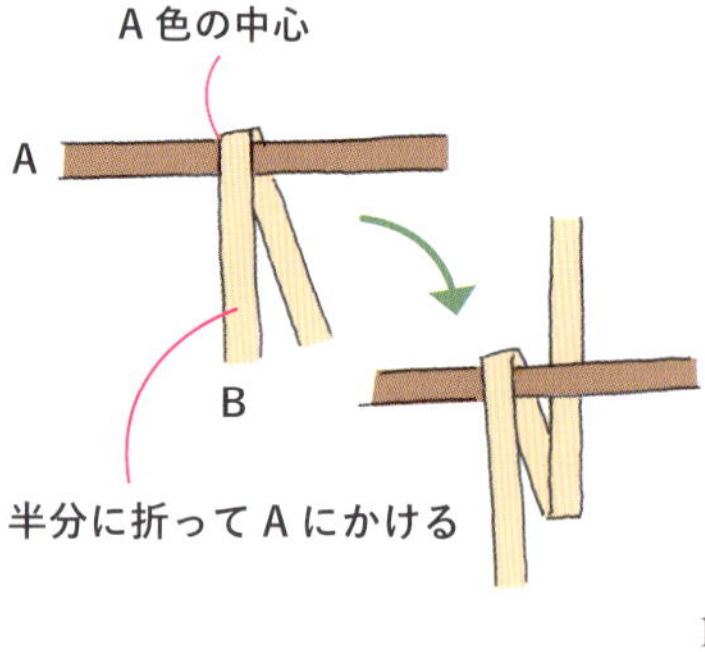

8 **6～7** で編んだA色のひもの先を、そのまま一つ上のB色に同様にかけて **6～7** のように編む。残り3目も編み進める。

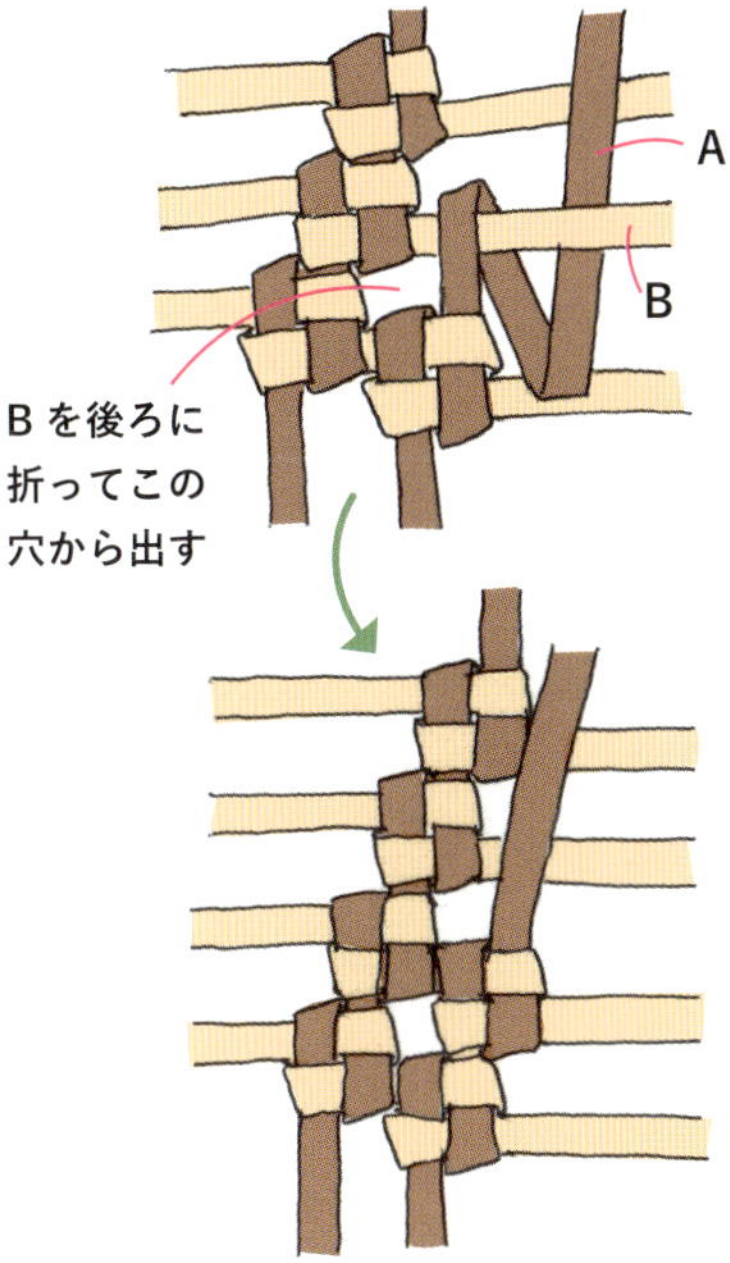

9 編み地を180°回して上下を返し、もう片側にも1列編む。同様に左右に右ページの【編み方図】の順で1列ずつ、**6～8** の要領で全部で5×5目になるように編む。

10 空き瓶の底などでやさしく叩き、折り目をしっかりつける。裏表に霧吹きし、重しをして数時間置き、よく乾かす。ひもの余りを切り落として完成。

5 編み地を180°回して上下を返し、1目めのもう片側に、B色3本目で **4** と同様に3目めを編む。続いて同様にB色で4～5目めを編む。

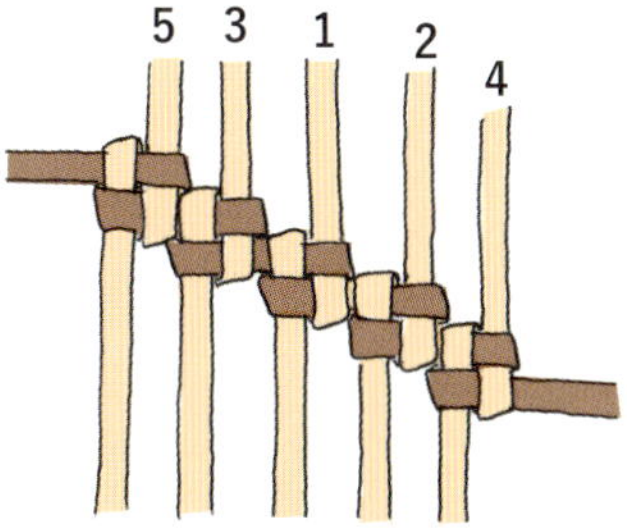

6 編み目が縦に並ぶように回し、一番下の横ひも（B色）に、今度はA色を1本、下側の長さを揃えて **1** と同様にかける。ひもをかけたB色を後ろ側に折る。このとき、これまでと違ってA色の輪は通さない。

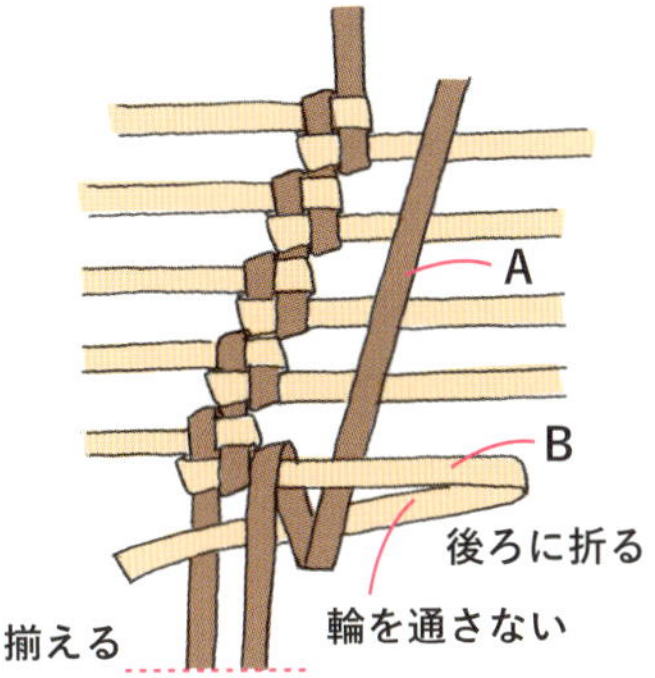

7 折ったB色を、A色をはさむように折り返し、今度は輪を通して右側へ出して引く。同時に縦ひものA色を上に引いて目の形を整える。

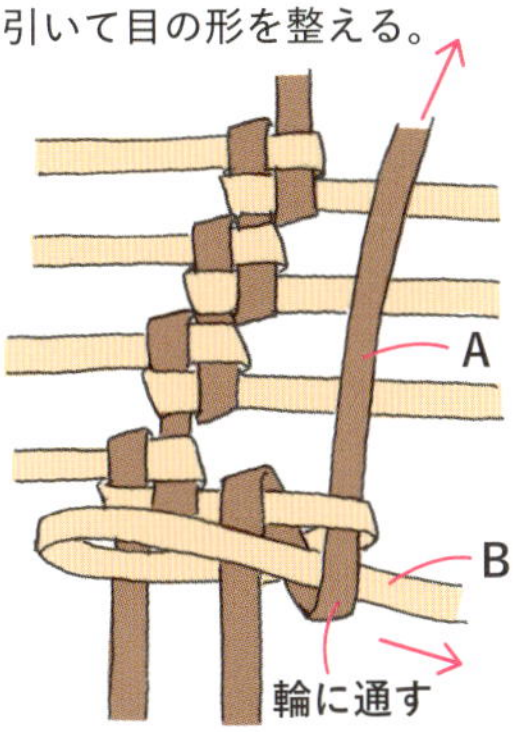

ほうきをつくる

使い込んだほうき。こうして壁にかけておけば、いつでも掃除を始められる。

手づくりすれば掃除も楽しい

わが家はホコリ高き（笑）家。自然に囲まれているると土ボコリが多く、木工を生業としている夫の洋服は木屑にまみれ、6匹の猫の抜け毛の量もなかなかのもの。こまめな掃除は欠かせません。

朝起きて最初にすることは、簡単な床掃除です。右手にモップ、左手にほうきの二刀流。壁際や建具のレール部分などをほうきで掃きつつ、モップでホコリを拭き取ります。日中もホコリが目に留まったら、そのつど簡単に掃除。そんなときもほうきは大活躍します。掃除機を持ち出すこともありますが、ほうきならチャチャッと簡単に掃除ができて重宝です。

ひと昔前まで、ほうきは各家庭でつくるものでした。十数年前、地元のおばあちゃんから、その技術を伝授いただく機会を得て以来、畑でホウキモロコシを育てて、ほうきを手づくりするようになりました。柄には、カゴづくりのために皮を剥いだ、ヤマブドウやクルミの枝を使うなど、今では私なりのアレンジを加えてつくっています。

お気に入りのほうきだと掃除が楽しい。手づくりならなおさらです。「やらねばならない家事」を楽しくこなすために、手づくりしているのかもしれません。

でき上がったばかりのほうき。根本は糸を使って編み込み、柄にはさまざまな木の枝を使う。一つひとつの表情の違いも楽しい。

背高のっぽのホウキモロコシの収穫。脱穀し、乾燥させるとほうきの材料に。

漆を塗ってみる

100円ショップのスプーンに、漆を塗っては乾かし、塗っては乾かしを繰り返す。紙粘土の台に刺して乾燥中。マスキングテープは、すくう部分と持ち手部分の塗り方を変えるため。

ときめくお直し

金継ぎ教室でひと通りの工程を学んでから、簡単な繕いは自分でしています。金は蒔かず、基本的には漆のみで修繕。漆はある程度の湿度がないと乾燥しないので、毎年梅雨限定で漆仕事を楽しみます。使うのは、チューブに入った生漆。開封したら早めに使いきるように心がけています。

ある年、修繕用の漆が余ったので、お箸とスプーンに塗ってみました。丈夫になるよう箸先やスプーン先には砥粉《とのこ》を混ぜた漆を塗り重ね、その後数回拭き漆を施して完成。大した知識もなかった割には上出来で、すっかり気をよくしました。

あの材料がなくてはできない、専用の道具がなくてはできない。まちがったことをしたら大変だ。確かにその通りではありますが、ときには冒険をしてみる。今ある知識と手に入れやすい道具で、工夫しながらやってみる。失敗することもあるけれど、その失敗から学ぶこともあるし、思いがけず一発で大成功することもあります。

引き出しの奥で眠っていたラッカー仕上げのスプーン。ひと手間かけたことでお気に入りになり、使わない日はありません。数年に一度の塗り直しも楽しみ。サンドペーパーで軽く磨き、数回拭き漆をすると艶々に。ときめくお直しです！

割れたり欠けてしまった器は一つの箱にしまっておき、梅雨時にまとめて金継ぎをする。といっても金は高価なので仕上げは漆で。

漆塗りを終えたスプーン。すくう部分は砥粉を混ぜた漆を塗り、持ち手部分は拭き漆仕上げにしたので、ツートンカラーになっている。

問い合わせ先

＊2024年9月現在

●クラフトマンスタジオ冬扇
ファクス：0198-48-5677

●陶工房しゅうと
メール：tutimono@yahoo.co.jp
Instagram: @toukouboushuuto

●安福由美子
Instagram: @yumikoyasufuku

●秋谷茂郎
電話：090-8315-9029
Instagram: @akiya_shigeo_pot

●陶房回青
Instagram: @kaisei_sakura

●うつわやみたす
Instagram: @utsuwayamitasu

●三温窯
電話：018-852-9028
Instagram: @3ongama

●星耕硝子
Instagram: @seiko1999glass

●すず竹細工（「鳥越竹細工」産地を守る会）
メール：toritakesaic@yahoo.co.jp

●南部桶正
電話：0193-78-2730
HP: https://www.nanbu-okemasa.com

安部智穂　あべ・ちほ

森の暮らし案内人。1994年に桶職人の夫と岩手県早池峰山麓のタイマグラ集落に移住。山菜や木の実を採り、野菜を育てて保存食や発酵食にするほか、クラフト市を主宰するほど手づくりの道具が好き。たくさんの作家や職人とつながりを持ちつつ、自分でも草木染めやカゴづくりを楽しんでいる。著書に『森の恵みレシピ　春・夏・秋・冬』（婦人之友社）がある。

デザイン　わたなべ ひろこ（Hiroko Book Design）
撮影・消しゴムハンコ　安部 智穂
安部 結
協力　南部桶正
クゥ、ハク、ゴマ、キナコ、
ユメ、シャモニー（以上、猫）
編集協力　中 綾子

カゴと器と古道具

2024年9月30日　第1刷発行

著　者　安部智穂
編集人　菅 聖子
発行人　入谷伸夫
発行所　株式会社 婦人之友社
〒171-8510　東京都豊島区西池袋2-20-16
電話 03-3971-0101（代表）
https://www.fujinnotomo.co.jp
印刷・製本　シナノ書籍印刷株式会社

ISBN 978-4-8292-1071-0

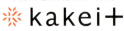

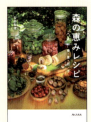

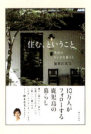

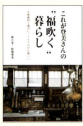